U0569040

中国人民大学
前身时期校史读物

华北大学
1948—1950
HUABEI DAXUE

迎接新时代的曙光

中国人民大学前身时期校史读物编委会 ◎ 编

中国人民大学出版社
·北京·

# 中国人民大学校史编纂工作委员会

主　任：靳　诺　刘　伟
副主任：张建明　王利明　伊志宏　吴付来　洪大用
　　　　贺耀敏　吴晓球　郑水泉　刘元春　杜　鹏
委　员：黎玖高　郝立新　郭洪林　顾　涛　王宏伟
　　　　齐鹏飞　葛秀珍　刘凤良　王　轶　林建荣
　　　　龙永红　牟　峰　杜小勇　韩东晖　罗建晖
　　　　王小虎　张晓京　武　雷　补利军　张　卯
　　　　李　明　张　雁　纪红波　孙华玲　李　鹏
　　　　费　佳　郭海鹰　李　惠

## 中国人民大学 80 周年校庆系列出版物编写工作委员会

主　任：张建明
副主任：贺耀敏　郑水泉
委　员：顾　涛　齐鹏飞　李永强
顾　问：周建明　孙　郁　王安陆　牛润珍　周　石
　　　　王学军　阚红柳　耿化敏

## 中国人民大学前身时期校史读物编委会

主　任：郑水泉
编　委：李　惠　刘　志　楚艳红　高燕燕　蒋利华　陈伟杰

## 本书编写人员

李　惠　蒋利华　周　眙　胡玲玲　甄佳航　常松岩
迟文颖　冯　良　高　洁　郭　锰　刘凌云　裴昭月
阮秀涵　沈　晖　肖发琼　尹　璇

本书由中国人民大学江西校友会资助出版

谨以此书向人大前身时期牺牲的烈士致敬！向所有为探索中国特色高等教育之路而默默奉献的前辈们致敬！

華北大學

# 序

从 1937 年陕公初创，到 1950 年人民大学正式命名组建，这十三年是人民大学的前身时期，是中国共产党领导人民进行波澜壮阔的抗日战争和解放战争的重要时期，也是中国共产党在革命实践中探索如何创办高等教育的重要时期。陕北公学、华北联合大学和华北大学不仅见证、参与和推动了抗日战争和解放战争的宏伟历史，直接奠基和孕育了中国人民大学这所新型正规大学，而且在实践中探索和积累了宝贵的办学经验，成为中国共产党创办新型高等教育的典范，为新中国社会主义高等教育体系的建立奠定了良好基础，在中国高等教育史上留下了光辉篇章。

今年恰逢中国人民大学建校 80 周年，为重温那段激情燃烧的岁月，学校组织人员精心编写出版《陕北公学》《华北联合大学》和《华北大学》，旨在生动地再现那个信仰坚定、青春激扬的革命年代的新型大学风貌。党所创办的学校虽几易其名、合并重建、辗转逾千里，而办学初心不改、救国之志弥坚，折射出中国共产党领导下的知识精英群体在国家民族危难之时义无反顾投身革命洪流的责任担当。此中既有荡气回肠的"中国不会亡、因为有陕公"的豪言壮语，有华北联大坚持

**迎接新时代的曙光**
**——华北大学**

敌后办学的英雄事业和历史奇迹，有华北大学迎接新中国的喜悦与宏大的办学气象，也有一些师生难忘的记忆片段，从中可以感受到那个年代那群知识分子和革命青年忧国忧民、坚持理想、敢于牺牲的精神境界，以及民主团结、热情高涨的革命氛围。

历史不能重来，历史更不能被遗忘，让我们通过这些故事触摸和走进人大前身那短暂但在党创办高等教育的历史上有着开天辟地意义的十三年，去感知陕北公学、华北联合大学和华北大学为中国高等教育事业所铸就的卓越功勋，去汲取让我们今后更加坚定前行的力量。

历史是前人留给我们的宝贵精神财富，我们要研究、宣传、学习、传承人大校史和八十年来的人大精神，以期教育、指引和启迪后人。

党委书记 靳诺　　校长 刘伟

2017 年 8 月 8 日

# 目录

**第一篇　建国树人新使命**　/ 1
　　吴玉章出任华北大学校长　/ 3
　　成仿吾西柏坡之行　/ 6
　　培养和平建国人才的北方大学　/ 9
　　成立典礼　/ 17
　　在华大旗帜下　/ 21
　　"中国人民都敬爱你"　/ 25
　　为建国树人　为人民服务　/ 28
　　做人民的知识分子　/ 30
　　积沙成塔——图书馆　/ 33
　　"小长征"——从正定到邢台　/ 36
　　俄文大队　/ 39
　　在革命的熔炉里　/ 41
　　从正定到平津　/ 45
　　朱德总司令参加毕业典礼　/ 48
　　华北大学的同志们万岁　/ 51
　　新中国文教事业的摇篮　/ 54

## 第二篇　革命熔炉淬成钢　/ 59

　　坚定跟着共产党走　/ 61
　　把青年人送到解放区　/ 64
　　张景良入学记　/ 67
　　先农坛成了大教室　/ 71
　　"尚师房"的灯光　/ 75
　　临危受命护《金藏》　/ 78
　　华大三团与《红旗歌》　/ 81
　　《白毛女》北平首演记　/ 85
　　《人民胜利万岁》大歌舞　/ 88
　　新政协会议筹备工作琐忆　/ 92
　　不爱红装爱武装　/ 96
　　"我第一个打开了天安门城楼"　/ 99

## 第三篇　留作青年好范畴　/ 101

　　吴玉章——一辈子做好事　/ 103
　　范文澜——以人民的名义　/ 112
　　乐天宇——教育实践相结合　/ 118
　　李焕之——延安走出的革命音乐家　/ 122
　　胡华——中国革命史学科奠基人　/ 127

**华北大学大事记**　/ 131

**参考文献**　/ 147

## 第一篇
## 建国树人新使命

## 吴玉章出任华北大学校长

1948年5月，为迎接人民解放战争的胜利和全国解放，为建设新中国培养大批干部，中共中央决定将原属晋察冀解放区的华北联合大学和原属晋冀鲁豫解放区的北方大学合并，成立华北大学，由吴玉章任校长，范文澜和成仿吾任副校长，校址选在正定。当时中共中央委托中央书记处书记周恩来负责合并改组事宜。

华北大学校长吴玉章

为落实中央决策，在与中共中央华北局商谈之后，5月28日，周恩来专门就此事给吴玉章写信，说明中央请他担任华北大学校长的决定，并征求他的意见。周恩来在信中写道："玉章同志……中央与华北局商定拟请你担任华北大学校长，范文澜、成仿吾两同志任副校长，不知你愿意接受这一职务否？"

吴玉章是德高望重的老革命，和董必武、林伯渠、徐特立、谢觉哉并称"延安五老"。吴玉章从同盟会干起，始终为革命而奋斗，在党内外享有崇高

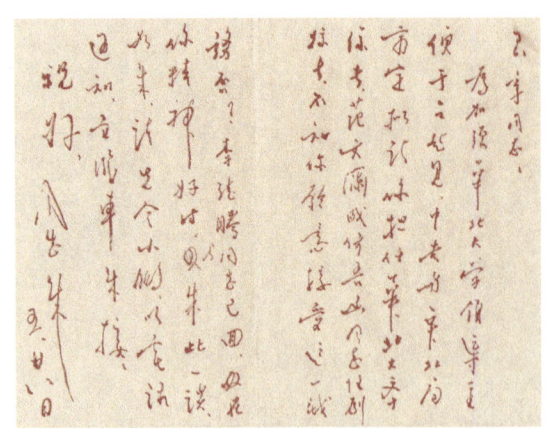

周恩来邀请吴玉章出任华北大学校长的信件

威望。吴玉章也是人民的教育家,早在1920年代初,他就是留法勤工俭学运动的倡导者和组织者。此后,吴玉章又在成都高等师范专科学校、重庆中法大学执教。从苏联回国后,在延安执掌鲁迅艺术学院和延安大学,半生从教,桃李满天下。1940年在吴玉章六十岁的时候,中共中央特意在延安为他祝寿,评价他"不仅是中国教育界文化界的前辈,而且是青年男女先进的导师",称吴老"对青年男女的关心和爱护,以及诲人不倦的精神,给与青年们以深刻的印象"。毛泽东专门写来贺词,盛赞吴玉章"一辈子总是做好事,不做坏事,做有益于人类的事,不做害人的事……一个人做点好事并不难,难的是一辈子做好事,不做坏事,一贯地有益于广大群众,一贯地有益于青年,一贯地有益于革命,艰苦奋斗几十年如一日,这才是最难最难的啊!"毛泽东还号召全党学习他"对于革命的坚持性"。毛泽东的祝词给予吴玉章极高的评价,脍炙人口,影响深远。

当时吴玉章已年近七十高龄,读罢周恩来的来信,他不禁回忆起自己大半生的奋斗经历。他一生为革命而奋斗,尤其致力于文化教育事业:1916年在巴黎组建华法教育会,1917年在北京创办留法俭学预备学校,1922年任成都高等师范专科学校(四川大学前身)校长,1933年按中央指示赴苏联东方大学学习、任教,1939年任延安大学校长。从法国到苏联,从四川到延安,他的教育足迹遍布中外,有如时雨之化者,为浴火奋战的国家培养了各类人才。年至古稀,他依然记得当时奋不顾身从事革命教育的初衷,中央将筹办华北大学的重任交于他,使他顿生"老骥伏枥,志在千里"的豪情。想到这里,吴玉章十分高兴地接受了这一工作安排,并复信周恩来:"办学校,是为了振兴中华,提高民族文化素质,为国家培养人才,这是一个极其光荣而伟大的任务,是国家百年大计、千年大计的大事,它有着重大而深远的历史意义,我一生都乐于办学校,愿为国家培养人才做贡献。"

吴玉章的回信言简意赅,辞恳情切,充分展示了他作为人民教育家的博大胸怀。在得到肯定答复后,周恩来马上通知了华北联合大学和北方大学两校,就合并组建华北大学一事开展工作。7月15日,吴玉章抵达正定县城,受到全校师生的热烈欢迎。

来到正定后,吴玉章多次召开会议研究合并之后的教学及机构人员安排等问题,事无巨细,都考虑周详,得到了全体师生的钦佩和尊敬。原北方大学的全体师生7月25日由邢台步行至正定县城时,他不顾自己年事已高,赶到驻地看望问候,让北方大学的师生顿生到家的感觉。

7月26日,两校师生召开了盛大的联欢会,吴玉章校长在会上讲话,鼓励大家团结一致办好华北大学,在新形势下以新的姿态为解放全中国努力工作和学习。火热的气氛直到8月24日达到高潮。这天,华北大学成立典礼正式举行。吴玉章在会上做了题为《建立新民主主义的文化中心》的报告,阐述了华北大学的办学方针和目的,并把"忠诚、团结、朴实、虚心"作为华北大学的校训。他着重指出华北大学最主要的任务是学习马恩列斯的理论和中国革命的经验。在吴玉章领导下,华北大学在短短一年半办学期间,为解放战争的全面胜利培养了两万名学生,成为新民主主义的文化中心、新中国高等教育的摇篮。

## 成仿吾西柏坡之行

1948年5月26日，古老而年轻的正定城，阳光灿烂，一派夏日的欣欣向荣。时任华北联合大学校长的成仿吾，匆匆赶往石家庄，准备搭乘班车，前往党中央所在地西柏坡。所谓班车，实际是一辆卡车，来往于石家庄与西柏坡之间。他接到周恩来的通知，要去向党中央汇报工作。

到达西柏坡，成仿吾下了车，恰巧看见毛主席从另一辆车上下来。原来毛主席率领中央工委也在这天从城南庄迁来了西柏坡。和毛主席简单交谈后，成仿吾前往安排好的招待所，却意外发现，他是和叶剑英同住一处的。叶剑英一见到成仿吾，就问起华北联合大学给军委办的俄文班和英文班的情况，成仿吾便将学校办学情况向叶剑英做了汇报。

夜深了，5月底的华北，月亮斜挂天空，显得格外静谧。成仿吾知道，在这静谧的夜空下，有很多人为着新中国的解放仍在紧张忙碌着。想着明天要向

华北大学副校长成仿吾

周恩来汇报工作,他一阵阵激动,一遍遍把要汇报的内容在脑子里梳理着,很晚才入睡。

第二天早上,成仿吾直奔周恩来的办公室。办公室并不大,仅有两个小办公桌,但其中一个摆满了五颜六色的国旗图案,格外显眼,成仿吾当下便意识到,党中央已经在准备迎接全国解放!而在这个关键时刻,党中央让他这个华北联合大学校长来汇报工作,一定有重要的工作要安排。听了成仿吾的汇报,周恩来露出满意的笑容:"不错,仿吾同志,华北联大办得好,但还要再有所发展!现在为了迎接全国解放,需要培养大批干部,中央已经决定,将华北联合大学和晋冀鲁豫边区的北方大学合并,成立华北大学,由吴玉章同志出任校长,你和范文澜同志担任副校长。"

原来,早在5月9日,中共中央、中央军委就做出了《关于改变华北、中原解放区的组织、管辖境地及人选的决定》,这是党中央为迎接全国解放做出的极为重要的战略决策,而成立华北大学则是落实这一决策的重要内容。听了这番话,成仿吾难掩心中激动,他知道,成立华北大学是党为迎接全国解放准备大量人才的重大举措,必须协助吴老办成办好,自己身上责任重大。他坚定地表示:"请周副主席放心,我一定坚决贯彻中央指示,在吴老领导下,办好华北大学。"

走出周恩来办公室,望着西柏坡明媚的五月天,云淡风轻,成仿吾心中涌动着一股豪情。他满脑子只有一个念头:到了为新中国铺路的时候了!1937年创办的陕北公学,经受了华北联合大学的战火洗礼,又要开始新征程了!

当晚,在刘少奇住处用过简单的晚餐,回到招待所,成仿吾辗转难眠,他在思索、在筹划。这次来西柏坡,他见到了毛泽东、朱德、刘少奇、周恩来、任弼时、叶剑英等中央领导同志,中央领导对华北大学的指示和关心,让他更迫不及待想要回到正定,把中央的决策落实下去。

天刚亮,成仿吾一刻也坐不住了,动身赶回正定,向华北联大的师生传达

华北大学领导人合影，
丁浩川（左一），吴玉章（左二），范文澜（左四），何干之（右三），成仿吾（右一）

中央的指示。当时北方大学的校长是著名的历史学家范文澜，校址在邢台，距离正定尚有一段距离，两地来往车辆极少，发电报、打电话也没有条件。为了让北方大学尽快得到中央的指示，成仿吾提笔写了一封信，派校部秘书陆逊骑自行车送到邢台。

就在两校紧张地做合并准备时，党中央对华北大学的招生任务做出了部署，要求中原局、华北局、华东局和晋绥分局重视并协助华北大学做好招生工作。中央的这一指示，使得成仿吾心中的一块石头落了地。

7月，北方大学师生陆续来到正定，吴玉章校长、范文澜副校长也先后赶到。最让大家激动的是，毛主席为华北大学亲笔题写了校名，这极大地鼓舞了全校师生。8月24日，华北大学成立典礼隆重举行，成仿吾忙碌而快乐着。他知道，5月底的那次西柏坡之行，就已经为今天的盛典奠定了基础。

## 培养和平建国人才的北方大学

抗日战争胜利后，国内形势发生了重大变化，各解放区进一步扩大，解放区的各项建设事业亟待恢复和发展。1945年11月，晋冀鲁豫边区政府主席杨秀峰、副主席戎子和提议，在本地区开办大学，培养解放区急需的建设人才。中共晋冀鲁豫中央局和晋冀鲁豫边区政府根据中共中央的部署，决定创办新华大学。

1945年12月，经过几次专门讨论，晋冀鲁豫边区政府政务会议决定，将新华大学改名为北方大学，成立以杨秀峰为主任的北方大学筹备委员会。筹备委员会成员包括晋冀鲁豫边区政府教育厅厅长晁哲甫，冀南、太岳、冀鲁豫各行署主任，边区政府委员会的王振华、罗青以及地方文化教育界知名人士共20余人。边区政府委员会还决定，北方大学的办学宗旨是培养全心全意为人民服务、从事建国工作的各项专门人才；办学方针是以培养解放区发展经济生产所需人才的院、系为建设重点，拟设立工、农、理、文艺、教育、财经等学院，面向新解放区具有中等以上文化水平的青年招生。北方大学校址暂设邢台，办学经费主要由边区政府财政支出。这一办学宗旨和方针显然不同于早年中国共产党在抗日战争时期举办的各种干部学校。晋冀鲁豫边区政府根据全国时局的发展趋势，从本地区的实际情况出发制定的办学方针得到了中共中央的首肯。

在北方大学正式开办过程中，院系逐步增至 7 个，即行政学院、财经学院、文教学院、工学院、医学院、农学院、艺术学院。

## （一）行政学院

1946 年 1 月，北方大学成立行政学院，院址设在邢台市西郊原日伪新兵营，院主任由薄怀奇担任。行政学院具有干部培训学校的性质，培训本地县科和区级以上党政干部，提高他们的政治理论、思想、文化水平，为接管新解放的城市做准备。行政学院的学制暂定二年，学员由晋冀鲁豫边区各专署按计划从在职的年轻干部中选调，免试入学。行政学院自 1946 年 1 月起开始招生，至同年 2 月份已有学员 150 余人，按文化程度编为三个班，学习政治、国文、数学、史地等课程，教员有薄怀奇、胡林昀、贾鼎臣、荣孟源、刘桂五等。

## （二）财经学院

1946 年 3 月，原晋冀鲁豫边区政府建设厅所属财经专科学校划归北方大学，组建为北方大学财经学院，培养财经干部和财会人员，院址设在邢台市西郊原日伪新兵营，代理院主任先后是薄怀奇、王振华、罗青，以后由梁维直、习东光任院主任，其间曾由尹达兼任代理院主任。原财经专科学校的学员多为晋冀鲁豫解放区的青年，学院将这 300 多名学员精减至 120～130 人，编入本院预科，其余大部分文化水平较低的学员编入学校的附设班补习文化。除政治理论课以外，设基础课，包括国文、数学、历史、地理、社会科学等；专业课，包括经济常识、财经理论、财政与经济问题、财务会计、统计、工厂建设等；经济政策课，包括做报告、讨论、解答问题等。授课教员有舒天巩、胡林昀、王养直、庄彤、陈继光、杜玮、姜国仁、贾鼎臣、岳林、汤铭等。

## （三）文教学院

1946 年 4 月，北方大学成立教育学院，院址设在邢台市西关外中华基督教会福音医院旧址。同年 9 月，为适应解放区对文教干部的需要，教育学院改称文教学院。张萃中、陈唯实先后任院主任，院长为张宗麟。文教学院培养文教干部和中学师资，

北方大学文教学院学生室外集体读报

设普通班和外语班，学员共 200 人，新生都编入普通班学习，学制 3～6 个月。从国民党统治区来的教授、专家、学者大多被安排在文教学院任教，因此该院的师资力量较强，相应地也要求学员有较扎实的文化基础，所以从国民党统治区来的学员多数集中在这个学院学习。文教学院重视对学员进行政治思想教育，将革命基本理论、中国革命问题、思想方法和解放区的政策等方面的课程列为主课，指导学员学习马克思主义的辩证唯物论、历史唯物论，毛泽东的《中国革命和中国共产党》《新民主主义论》，任弼时的《土地改革中的几个问题》，以及党报上的文章等，并结合形势做专题报告。此外也开设国文、数学、外语、近代史、地理、自然科学、文艺讲座等文化课。学员修业期满，按照自愿与需要相结合的原则，或分配工作或留校转系、转院学习。文教学院的学员最多时达 400 余人，是北方大学规模较大的学院之一。

## （四）工学院

北方大学工学院学生上课

1946年4月，北方大学成立工学院，院址设在邢台市西关外中华基督教会福音医院旧址，院主任先后为高太玄、陈唯实，以后由中共邢台市委副书记、邢台市文教委员会委员曾毅兼任院长，教员大部分是从国民党统治区来的工程技术人员，其中有少数水平较高的专家、教授。工学院的任务是培养理论结合实际的中级工程技术干部，这个目标是针对当时革命形势迅速发展，解放区各工业部门急需技术人才而提出的。

1947年初，工学院决定把预科阶段以后的专业教学时间调整为三年。为了尽快满足解放区建设对工程技术人才的需求，工学院在教学工作中既反对教条的"学院主义"（即脱离实际、只讲空洞理论的偏向），又反对当时存在的忽视文化和理论基础的"学徒主义"，而是强调必须做到理论与实践相结合。工学院把专业教学分为三个阶段，每个阶段自成体系，学员学习完一个阶段后即具有从事实际工作的能力。专业教学贯彻少而精的原则，要求分科细、专业讲解深。学员分为矿冶、化工、机电三个专业班，以便分科施教。同时，工学院还建立了理化实验室。

1947年2月，为了和军工部门建立业务联系，工学院迁到长治师范旧址。这里靠近晋冀鲁豫边区政府军工处，由军工处为工学院提供办学条件、解决学员实习的问题，工学院向军工处提供人才和技术。工学院成立了教员会，和军工处技术人员一起成立了"三二工程学会",对军工处提出的一批课题进行科学研究。1947年4月,为避开国民党飞机的轰炸,工学院又迁至潞城李村并增设了土木班。同年11月,为了靠近工业基地便于实习,工学院再迁至潞城故漳村。其间,学员不断增加,最后发展到7个班、130多人。工学院重视培养学员的实际工作能力,组织学员参加故县铁厂(即后来的长治钢厂)一号高炉(20吨)的建设工作;在军工处的帮助下办起实验化工厂,让学员参加生产实习,生产解放区急需的煤油、肥皂、甘油、黑漆等化工产品;组织学员到军工厂参观、实习,和军工厂合作修筑了25华里的铁路。

## (五)医学院

1946年6月,晋冀鲁豫军区医科专门学校划归北方大学,扩建为北方大学医学院,迁址到河北省邢台市北关,隶属北方大学和晋冀鲁豫军区卫生部双重领导,属于部队建制,院长仍由晋冀鲁豫边区政府卫生部部长兼晋冀鲁豫军区卫生部部长钱信忠兼任,院主任是刘和一,教员和学员均为现役军人。

医学院的专业课教员多是抗日战争胜利前后参加革命的医务人员,一般都受过高等教育,还有留学回国人员,他们具有较扎实的专业基础知识,但缺乏教育工作经验。在工作实践中,他们克服困难,自编教材,自制教具,既当教员,又当医生,不断总结经验,为部队和地方培养出了一批又一批医务人员。医学院的任务是侧重为人民解放军部队培养前线医护人

北方大学医学院的学生做实验

迎接新时代的曙光
—— 华北大学

北方大学医学院军医专科第一期毕业合影

员，同时兼顾地方需要。

为了使学员适应战地生活，医学院对学员实行军事编制和军事管理，将学员编为大队、区队和班。每期入学的新学员都单独编为一个区队，区队下设班，每班 12～14 名学员。医学院建立基点班制度，要求每位教员将 1～3 个学员班定为自己的基点班，在课余时间深入基点班了解、掌握学员的学习和思想动态，对学员的思想予以指导，辅导学员学习并解答疑难问题。医学院的课程安排除共同必修的政治理论课以外，还包括医预科：以补习文化为主，开设课程有数学、物理、化学、生物、拉丁文；前期课：即基础医学部分，开设课程有组织胚胎、解剖、生理、微生物、病理、药理、物理诊断；后期课：即临床医学和临床实习，开设课程有内科、外科、眼科、耳鼻喉科、皮肤科、妇产科、小儿科及临床实习，学员的临床实习依靠白求恩国际和平医院解决。

1947 年 3 月，医学院建立诊疗室，从一间民房、两把手术刀、四把镊子起家，逐步把诊疗室扩大为有内、外两科和 30 张病床的诊疗所。同年 9 月，又增设五官科、妇产科和小儿科，将诊疗所扩建为北方大学附属医院，既解决了学员实习的问题，也为师生和当地群众就医提供了方便。附近各县的群众有病都来此就医。到 1947 年底，医院门诊量已达 3 201 人次，住院 263 人次，做手术 223 例。

## （六）农学院

1946年底，延安大学自然科学院农业系主任乐天宇奉命率领本系部分师生到达晋冀鲁豫解放区后，北方大学便在该系的基础上着手筹建农学院。

农学院的任务是改造和增强当地的农业技术力量以发展农业生产，培养农、林、牧、副业技术人员。刚成立时，农学院只有十几名干部，到1948年夏，工作人员增加到40余名，而且多数是专业干部。其中一部分来自延安大学自然科学院，如乐天宇、徐纬英、彭尔宁等；一部分是从晋冀鲁豫边区有关部门调来的农业科技干部，如高惠民、岳良才、胡含、郑重等；还有一部分是从国民党统治区投奔革命的农业科技人员和大学生，如叶晓、岳林、杨舟、王培田等；另外也吸收了当地有名的兽医和有丰富生产经验的农民如曹德隆、高国景、阎占川、李恩祥等共同工作。在联合国善后救济总署工作的美国友人韩丁、阳早在联合国的工作结束后，因同情、支持中国人民的解放事业，也于1947年自愿留在晋冀鲁豫解放区工作并到北方大学任教。

## （七）艺术学院

北方大学到达太行山区后不久，文艺研究室就去长治市参加为太行地区群英会举行的文艺演出，随后又去人民解放军部队进行慰问演出，他们带去了《白毛女》《支援前线》《翻身花鼓》《黄河大合唱》等节目，受到晋冀鲁豫边区领导、出席群英会的劳模和人民解放军指战员的热烈欢迎。

1947年2月，北方大学开始在文艺研究室的基础上筹建艺术学院。6月，文艺研究室扩建为艺术学院，以培养革命文艺干部，院址在潞城张庄，下设文学、音乐、戏剧、美术四个组（专业）和美术工厂，院主任为光未然。

1948年5月，北方大学奉命迁回邢台。其时，艺术学院已先期于1947年

## 迎接新时代的曙光
―― 华北大学

华北联合大学文艺学院欢迎北方大学艺术学院抵达正定，全体同志留影

9 月迁到邢台，驻西关外中华基督教会旧址，后迁到河伯祠邢台师范旧址；工学院也已于 1948 年 3、4 月间返回邢台，驻原日伪新兵营；农学院则始终没有迁到邢台，而是继续在山西长治办学。

1948 年 5 月，中共中央决定北方大学同华北联合大学合并，成立华北大学。1948 年 6 月底至 7 月 25 日，北方大学大部分机构陆续迁到华北联合大学驻地——河北省正定县城，同华北联合大学会合。一部分机构脱离北方大学，其中财经学院和财经研究室的大部分人员迁到石家庄市，独立建成直属华北人民政府财政部的华北财经学院；医学院迁到石家庄，同晋察冀白求恩医科大学合并成立华北医科大学。同年 8 月，北方大学结束工作。

## 成立典礼

进入 7 月，越来越多的北方大学师生从邢台抵达正定县城，和原本驻扎在城里的华北联合大学师生会合。古老的街道上到处是年轻的身影，欢快的歌声和笑声，时时撩动着人们心中的向往和激情。8 月 24 日两校合并组成的华北大学要举行成立典礼的喜讯，更为县城增添了节日的喜庆气氛。

华北大学正定分校开学典礼

这天傍晚，早早吃过晚饭，各部的同学们排着整齐的队、唱着嘹亮的歌，陆续前往华大三部文艺学院所在的天主教堂广场，参加成立典礼。穿过柏枝搭成的"凯旋门"，踏进悬灯结彩的大门，彼此招呼着，说笑着，唱和着。早入学的老同学，背包斜挎，服装整齐，神采飞扬，俨然即将参加检阅的战士；而刚到校的新生，面对第一次背在肩上的背包，流露出新奇和喜悦的表情，不时

迎接新时代的曙光
—— 华北大学

整一整背带，唯恐背得不整齐，被同学笑话。

会场四周的槐树上，挂满贺幛和锦旗，在绿叶的映衬下，显得斑斓而气氛热烈。主席台正中，校训"忠诚、团结、朴实、虚心"八个大字下是毛泽东主席的画像，目光亲切而坚定，两侧分别是鲜红的党旗和校旗。阳光从天空洒落，照亮两幅巨大的标语，一幅是"正确运用批评与自我批评，加强团结，改善工作"，另一幅是"学习马列主义毛泽东思想，建立为人民服务的革命人生观"，格外醒目。整个会场的气氛，既庄严肃穆又生动喜悦。

不一会儿，会场就站满了人，全校两千多教职员和学生都来了。来宾席上也坐满了石家庄市中小学教联会、市青委会及大兴纱厂的参观团和来宾。当校领导引导谢觉哉、李维汉、蓝公武、陈瑾昆、胡乔木、周扬、萧三、荒煤、田间等同志和远道而来的河南大学化学系主任李俊甫等最后步入会场时，大家都热烈鼓掌。一些同学还喊着认识的师长和领导的名字，兴奋地向身边的同学介绍。

下午五点钟，大会主席、学校教务长钱俊瑞宣布开会："能在这里宣布人民的大学——华北大学今天举行成立典礼，我感觉无限光荣！大会这种兴旺气象，象征着人民革命战争的全国胜利必然到来，我们人民革命教育事业必然胜利。"

吴玉章校长讲话的时候，全场气氛严肃，没有一点嘈杂的声音，大家都很虔诚地聆听，努力想记住他说的每一句话。吴玉章的讲话以《建立新民主主义的文化中心》为题，阐述了华北大学的办学方针、目的和学习任务。随后，大小提琴等各种乐器奏起欢快的乐曲，各部同

吴玉章为华北大学成立题词
（见《华北大学成立典礼特刊》）

学给母校献旗致敬。美术系代表全体师生敬献了一幅油画，表现了吴玉章一生为革命培养人才的品质和贡献，实在是最恰当不过了。

接着是谢觉哉和蓝公武讲话。谢觉哉的讲话情真意切，体现了对华大、对同学们的热爱。他指出，华北大学的成立，是在人民解放军获得了伟大的胜利的时候，是在蒋介石反动统治接近垮台的时候，这是有很大意义的。已经解放与即将解放的地区的人民，都在盼望华北大学培养出干部来帮助他们组织土改、战争和生产。谢老接着说，我们来这里学习，是要为着准备本事为人民服务，为完成人民的解放事业而学习，就要学习毛泽东思想，研究毛泽东的许多著作，就是要以知识分子的知识和工农兵的实际结合在一起。华北大学是人民的大学，一定要学习掌握毛泽东思想。

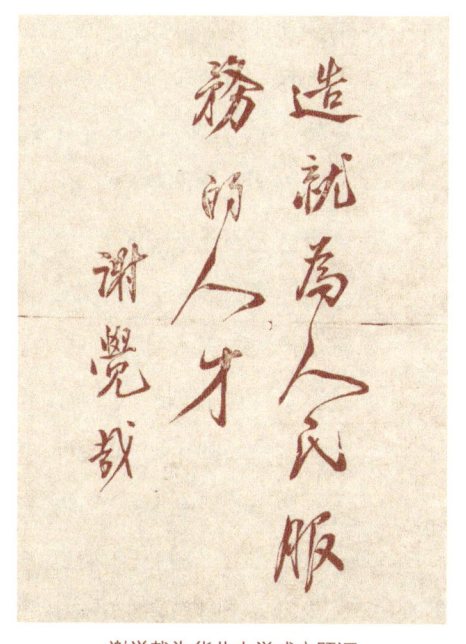

谢觉哉为华北大学成立题词
（见《华北大学成立典礼特刊》）

第二天，典礼继续进行。第一个讲话的是来宾代表、河南大学化学系主任李俊甫。他带着特有的真诚和朴实，无限感动地说：解放军对我们太好了。在开封解放过程中，正当蒋介石的飞机滥肆轰炸开封无辜民众的时候，我们79个人正和解放军接洽要到解放区来。解放军说："我们宁可不要大炮，也要把你们安全地送到解放区。"然后就把正在运军火大炮的汽车腾了给我们坐！中共中央华北局宣传部部长周扬在讲话中，号召大家学政治，说到了当时同学们的心坎里。接着，教职员代表艾思奇、丁易，学生代表杨犁，也都上台发言，表达了对华北大学的祝愿和做好教学、努力学习的决心。成仿吾副校长还给一部2班及原北方大学文教学院2、3、4、5班学生发放毕业证书，又给建校整洁运动优胜单位颁发了奖品。

25日晚上和26—27日两天安排的是庆祝活动，露天放映电影《未完成的交响乐》《打败日寇》和《莱蒙托夫之死》。文艺表演也是精彩纷呈，原华北联合大学的文工团表演了短剧《一百万》，原北方大学艺术学院的同志们排演了太行区名剧《赤叶河》，博得了大家的一致好评。

连续四天的庆典活动，内容非常丰富。在图书馆举行了华大成立展览和三部美术组的美术展览，展出了原华北联合大学、北方大学坚持敌后办学的各项成就。师生们创作的素描、年画、木刻、油画等艺术作品，还有自制的乐器，都受到全校师生和来宾的称赞。很多当地中学和师范学校的学生参观之后，纷纷以羡慕的口吻说："咱也努力学习呀，将来也要上华大。"

《人民日报》发表消息，专题报道了典礼盛况。丰富的内容和热烈的场面，成为每一个参与者心中永远不会忘却的记忆。

（根据《华北大学成立典礼特刊》中《大会速写》一文改编）

## 在华大旗帜下

1948年，华北大学成立典礼前夕，应吴玉章校长之请，毛泽东为华北大学题写了校名。8月24日典礼当天，"华北大学"四个大字镌绣在火红的校旗上，一批批满怀理想的革命青年，为着新民主主义革命的胜利和全国解放，从解放区、从国统区、从香港、从南洋奔向河北正定，集结在华北大学的旗帜下。

"华北大学"四个字，舞动在校旗上，也闪耀在校徽上。华北大学校徽底色金黄，图案以红旗为主体，象征华北大学师生在中国共产党领导下，为完成新民主主义革命而英勇奋斗。校徽外围设计成一圈齿轮纹饰，预示着工人阶级领导的、以工农联盟为基础的、人民民主专政的社会主

华北大学校旗

毛泽东为华北大学题写的校名

义新中国终将诞生。佩戴上这枚校徽，学生时刻受到鼓舞：要努力学习理论，勇于投身实践，担负起时代重任。

校徽上另一个重要的元素，就是校训。校训"忠诚、团结、朴实、虚心"是吴玉章在华北大学成立大会上的讲话中首次提出的，吴玉章对每个语词的内涵都做了阐释："忠诚"要求为人民服务、对人民负责；"团结"呼唤思想行动统一的力量；"朴实"强调实事求是的作风和态度；"虚心"指明增长学识能力的条件。吴玉章指出："现在我们处在历史转变的伟大时代，我们的任务特别重大。世界在不断地进步，不是与日俱进，而是与时俱进。我们一定要迅速地前进，要勇敢地前进，决不要停滞，更不能落后，我们要有决心改造旧的社会，建设新的社会。"吴玉章希望华北大学的同学们"有坚强的信心，热烈的情感，刻苦耐劳的作风"。校训既是对华北大学学生思想和行动的严格要求，也指明了同学们前进的道路和努力的方向。而其中"朴实"二字所代表的不虚伪、不轻浮、不好高骛远、不粗枝大叶，脚踏实地、实事求是的作风和态度，更在半个世纪后被提炼出来，总结为"实事求是"，成为中国人民大学的校训。

时至今日，很多华北大学学生，虽已鬓发如霜，仍能传唱振奋人心的《华北大学校歌》。歌词由吴玉章撰写并经多方修改。在开学典礼前，曾邀请十几位音乐家进行谱曲，并由学生中的文艺骨干进行传唱，最终确定了李焕之谱写的曲子。这首曲子能够获得师生广泛的认可，是与李焕之的音乐积淀和创作经历分不开的。1938年，李焕之到达革命圣地延安，进入鲁迅艺术学院学习，受到冼星海的指导。他在作曲风格上深受《黄河大合唱》等一系列有着革命烙印的音乐作品的教益和启迪，创作中坚持作品高度的思想性、广泛的人民性和精美的艺术性相统一的审美追求。李焕之曾说："因为音乐作品和其他艺术作品一样，它要表现人民群众中最美好的情感和品质，通过它把更多的人的心鼓舞起来和燃烧起来，因而作曲家自己就必须先具有这种美好的情感和素质，具有一颗燃烧的心。"这颗燃烧的心，使他在"华大"时期（1945年12月—1949

年9月，含华北大学前身华北联合大学时期）的作品有着鲜明的威武豪迈的主调。《华北大学校歌》就是这一时期的典型作品。李焕之在节奏上选用了进行曲风格的2/4拍，赋予全曲以奋发的精神和昂扬的斗志。歌曲的第一句，"华北雄壮美丽的河山，是我们民族发祥的地方，争得了人民战斗的胜利，新民主主义的道路无限宽广"。吴玉章的歌词，显露出斗争胜利的喜悦和建设壮美河山的斗志与热情，李焕之则在曲谱的节奏上使用单拍音和切分音，旋律上主要使用五个正音，使得曲子在激昂中不失悠扬壮阔，烘托了这种喜悦和热情。"我们是新文化的先锋队，要掌握最进步的科学艺术，学习马列主义毛泽东的思想"一句，用紧凑的八分音符表现出革命任重道远的紧迫感。此后一句"我们忠诚团结、朴实虚心、意志坚强；要把新时代的革命潮流更推向高涨"，音高渐升，也将全曲的气势推向高潮。最后，全曲爆发于"勇敢、勇敢，我们要表现人类创造的力量"一句，唱出了华北大学学生勇于担负时代使命，做新文化的先锋队，把革命推向前进，创造一个新时代的激情。开学典礼之时，学生们早已唱熟了校歌，而歌词与吴玉章讲话所传达的精神高度一致，更使学生与讲话内容产生共鸣。学生们唱着这首短小激昂的校歌，围坐在一起学习最新讲话、研读重要著作、讨论时局变革……华北大学，就这样成为点亮学子心目中革命之光的圣地。

吴玉章作词的《华北大学校歌》

## 迎接新时代的曙光
## ——华北大学

华北大学一部八二队欢送毕业同学

1949 年 2 月,作为第一所来自解放区的大学,华北大学的师生在华北大学旗帜引领下,唱着校歌进入北平。1949 年 10 月,华北大学的学生高举华北大学旗帜,通过金水桥主桥经过天安门,共和国的领袖深情喊出"华北大学万岁"。华北大学虽然只存在了短短一年半的时间,但是在这面光荣的旗帜下,2 万余名毕业生像火种一样遍布中华大地,对于人民解放战争的彻底胜利和新中国建设所产生的影响极其深远。

1950 年,以华北大学为基础的中国人民大学正式成立,接过了华北大学这面旗帜。中国人民大学继承和发扬华大精神,以培养共和国建设者为己任,成为新中国高等教育的楷模。

第一篇　建国树人新使命

## "中国人民都敬爱你"

1948年12月30日,是深受爱戴的吴玉章校长七十寿辰,在此四天前,12月26日,是毛泽东55岁生日。正值淮海战役决胜之际,毛泽东拒绝中央机关的同志为他过生日,却给吴老发来贺信,并刊登在《人民日报》头版:

吴玉章同志:

　　欣逢你的七十寿辰,谨向你致热烈的庆祝!你自青年时代起,即致力于中国人民彻底解放事业,四十年来,在中国革命的历程中,你总是站在革命队伍的前列。你挚爱中国人民和中国历史,你笃信马列主义,你对无产阶级领导中国革命必能获胜的信

吴玉章在七十寿辰庆典上

心从未动摇,你在反革命包围威吓中有坚强不屈的表现。中国人民都敬爱你。你的七十岁生日,恰在人民解放战争快要在全国范围内胜利的时候,这是你的光荣,也是中国人民的光荣。

华北大学全体师生为老校长举行了庆祝活动。祝寿会场设在正定天主教堂的附属礼堂,当天这个能容纳近千人的礼堂座无虚席,气氛庄严热烈。由于当时的华北地区经历了长期的战火,经济发展受到了严重的打击,物质资源较为匮乏,所以在装扮礼堂时,师生们集思广益,最终选用了华北盛产的棉花制作成"寿"字,外围用松柏扎成了一个长方形花环,高高悬挂在主席台中。炊事班的同志们也积极参与筹备,他们用面粉做成了寿桃,摆放在主席台中央,两支硕大的红蜡烛摆在两端,以表达对吴老健康长寿的祝愿。主席台两旁悬挂着祝寿联幛:"高举新中国文化旗帜;学习老寿星革命精神。"礼堂四周挂满了各单位、机关、团体和学校师生送来的贺电、贺信、贺幛、贺词。

徐特立欣然赋诗,祝贺老朋友七十大寿:

年老其尤壮,启后光前烈。七十初度时,全线均告捷。

百年殖民地,从此用完结。前途之艰巨,基本在建设。

幸勿过乐观,成功在就业。您我励残年,尽瘁此心血。

董必武发来贺诗:

不负平生志,观成革命功。是从心所欲,得与矩相同。

马列为师范,门徒改学风。开筵在华大,祝贺古稀翁。

谢觉哉写了祝贺诗三首,称颂吴玉章的教育贡献,"况有三千诸弟子,东西南北立功勋",生动地刻画出吴老为革命办教育立下的功劳。

副校长成仿吾主持祝寿大会,宣读了中共中央等单位和领导的贺信,介绍了吴老的生平和革命功绩。成仿吾讲话后,学校师生员工代表及来宾纷纷向吴老祝贺,每次宣读完毕,会场都响起雷鸣般的掌声。华北大学托儿所可爱的小朋友表演了精彩的舞蹈,把一朵大红花戴在了吴老的胸前,"祝吴爷爷健康长

华北大学托儿所孩子们戴上红花给吴玉章祝寿

寿！万寿无疆！"掌声再一次长时间响起，把祝寿大会推向高潮。

在热烈的掌声中，吴老热情洋溢地发表了致谢词《永远随时代前进》，深情回顾了中国革命半个世纪以来的成果以及自己50年来献身革命的经历。最后，吴老兴奋地讲道："现在我已七十岁了，是近代中国革命中更老的一代，但我还是随时代前进，绝不做时代的落后者，我愿意和年轻的同志们一道更加学习马列主义和毛泽东思想，努力做革命工作，彻底打倒敌人，为新民主主义新中国的实现而奋斗。"

迎接新时代的曙光
——华北大学

## 为建国树人　为人民服务

经过一个多月的紧张筹备，1948年8月24日下午，华北大学举行了隆重的开学典礼。会场设在文艺学院所在的正定天主教堂广场。高大茂盛的槐树，华盖如冠，树下临时搭建的主席台上方，悬挂着毛主席像和华大校旗，"忠诚、团结、朴实、虚心"八字校训分外庄重。正是在这次大会上，吴玉章校长发表了讲话，阐述了华北大学"为建国树人，为人民服务"的办学宗旨。

吴玉章在讲话中开宗明义："华北大学是一所革命的大学，是中国新民主主义革命过程中所产生的大学，它要培养新民主主义革命与建设的干部，为完成中国新民主主义革命而奋斗。"对于"华北大学要学习什么以及如何学习"的问题，吴玉章说："华北大学最主要的是要学马恩列斯的理论和中国革命的经验。我们把这些叫作毛泽东思想。"早在1941年3月，张如心在《论布尔塞维克的教育家》一文中，首次使用了"毛泽东同志的思想"这种提法。此后，毛泽东思想在长期革命实践中逐步走向成熟。1945年4—6月，党的七大召开，刘少奇代表党中央做关于修改党章的报告，科学地概括和全面地论述了毛泽东思想，将毛泽东思想比作中国的共产主义、中国的马克思主义。

吴玉章校长在开学典礼上阐述了对毛泽东思想的认识，认为"毛泽东思想是马恩列斯的理论与中国革命的实践之统一的思想，它是帝国主义与殖民地半殖民地革命时代的马克思列宁主义。……它是从中国人民革命战斗中所产生的，带有中国民族性，但同时它又带有马列主义所共通的国际性，凡是实行新民主主义的国家，特别是殖民地半殖

华北大学校长吴玉章

民地、反帝反封建的国家都能适用"。吴玉章校长号召全体师生学习这一思想，指出华北大学的办学目的就是要培养革命建设人才，吸收国统区的大中学生，学习毛泽东思想，并将他们培养成新中国的革命建设干部。

在人才培养问题上，吴玉章高度重视知识分子的作用，他认为："知识分子现在特别重要，就因为目前这个革命时代需要成千成万甚至成百万的干部人才。"吴玉章指出，知识分子在中国革命中是具有重要作用的，没有知识分子，中国的革命就不可能成功；同时也指出知识分子存在着很多不足，如"个人主义思想、轻视劳动、轻视工农群众的观点，主观主义片面空洞的思想方法和自高自大、无组织无纪律的自由主义作风等等"。这些不良思想和作风对革命事业产生危害，应加以改造。吴玉章认为，改造思想"最重要的在实践，在深思，在深刻的自我检讨"，"在批评与自我批评中求得进步"。

吴玉章的讲话真挚深刻，全面阐释了华北大学的办学方针和办学目的，总结强调道："我们一定要迅速地前进，要勇敢地前进，绝不要停滞，更不能落后，我们要有决心改造旧的社会，建设新的社会。"全校师生在吴玉章校长的鼓舞下，热血沸腾，时刻准备着为完成解放全中国这个伟大的任务而努力奋斗！

迎接新时代的曙光
——华北大学

## 做人民的知识分子

华北大学副校长范文澜在做报告

1945年，抗日战争胜利后，为培养大批建国人才，晋冀鲁豫边区政府根据中共中央的意见创办北方大学。北方大学于1946年1月5日正式成立，总部设在邢台市古北村的基督教堂大院，历史学家范文澜担任校长。4月中旬，范文澜到校；4月20日，在全校教职学员大会上讲话，全面分析了国际国内形势，主要就宗旨、校风和教学方针等问题进行了详细的阐述。

北方大学招生简章写道，本校的宗旨是"培养为人民服务，从事和平建国的各种专门人才"。范文澜在讲话中又进一步阐释道："北方大学的宗旨既是如此，那么，我们要怎样才可以称为人民的知识分子呢？拿九个字来说，就是'全心全意为人民服务'。这也就是北方大学宗旨的中心所在。"1944年9月8日，毛泽东在为战士张思德举行的追悼大会上，做了一次著名演讲，第一次从理论上深刻阐明了"为人民服务"的思想。关于"全心全意为人民服务"在北方大学的意义，范文澜分析道："就是要决心在人民事业的各个部门中，做一个最忠实的服务员，随时随地把人民的利益放在第一位，自己准备牺牲一切来拥护人民的利益。"

范文澜又分别从教员、职员和学员三个角度，具体诠释如何做到全心全意为人民服务。关于教员，范文澜要求大家把全部的精力和心思用在教学事业上，把实际有用的知识教授给学生，使学生都变成有用的人才，这种态度就是对人民负责的态度。关于职员，范文澜要求大家把全部精力和心思用在自己的工作岗位上，时刻研究并改进自己的工作，进而保证学校的教学工作顺利进行，这种工作态度就是对人民负责的态度。关于学员，范校长要求大家把全部精力和心思用在自己的学习岗位上，认真研究科学，努力探讨学问，积极追求真理，把自己的思想和行为改造好，成为健全的青年、完整的人才，这种学习态度就是对人民负责的态度。

与"全心全意为人民服务"的宗旨相一致，北方大学确立了"实事求是"的校风。在1938年六届六中全会上，毛泽东第一次提出"实事求是"的思想

路线。1941年，毛泽东在《改造我们的学习》中对"实事求是"进行了科学客观的解释，他指出："'实事'就是客观存在着的一切事物，'是'就是客观事物的内部联系，即规律性，'求'就是我们去研究。"范文澜紧密联系中国革命发展的实际需要，将实事求是精神与北方大学办学实际相结合，阐释为生活上的朴素作风和学习上的认真态度。

生活上的朴素作风可以理解为"吃苦耐劳、不脱离现实条件的生活"。范文澜对朴素的生活作风进行了辩证分析：朴素的生活并不是一味消极地压低生活水平，而是以积极的态度去面对现有的物质条件，并尽力去改善，亲自动手建立我们共同的家园。学习上的认真态度"不仅是认真地求得知识，而且必须把它认真地贯彻到实际行动中去"。要实现这一目的，一定要经过四个步骤，即：（1）民主作风，相互学习，大公无私，不吝赐教；（2）学、问、思并重，多看书、多听讲、多问人、多思考；（3）自由思想，追求真理，全面地、深入地思考问题；（4）心、口、手一致，把真理和自己的行动结合起来，做到心口如一、言行一致。

关于教育方针，范文澜将其概括为"理论与实际联系"。这一方针是中国共产党长期革命斗争中一直坚持的优良传统，将其确立为北方大学的教育方针，足以看出北方大学为中国革命培养接班人的决心。范文澜强调："从客观实际产生出来又向客观实际获得了证明的理论才是最正确、最科学的真理。因此，我们所讲的，都应当是对边区建设有实际意义的课程。"他认为，学生们应当多了解边区、全中国以及全世界的实际情况，教员们在确定课程时应以此为依据，才不会脱离实际，才能让学生们真正学习到有用的知识，早日把学生们培养成革命的生力军。"我们只有用正确的人民的立场、群众的观点、科学的方法分析客观实际的现象，使之提升为理论，然后依据具体情况，灵活运用到实际行动中去；行动的结果，继续丰富和发展理论的内容，才是真正的理论与实际相联系。"

## 积沙成塔——图书馆

图书极度匮乏，是华北联合大学和北方大学共同面临的难题，及至两校合并成立华北大学，能够建成一个小小的图书馆仍然是可望而不可即的梦想。

图书稀缺，得来不易。为了得到尽可能多的书籍，老师们想尽了办法。因为处在敌人严密封锁的环境下，华北联合大学文艺学院长期补充不到新图书，整个学院的图书还是从延安出发时由鲁迅艺术学院的复本藏书中挑选的，全部加起来也不过装满三个木箱。就是这三箱书，跟随文艺学院千里行军，过黄河、入太行，人背马驮，一直带到了华北大学。有人在战斗中牺牲了，但书却在战火中幸存了下来。有一次，文艺学院的教师何洛等几个人，为躲避敌人的围追堵截，不得不把书埋在山里。敌人撤退后，何洛惦记着那一摞宝贝书，心疼得夜里睡不着，天一亮就拎着锄头进了山。爬了好几道山梁，终于找到了埋书的地方，等他把书背下山时，天都黑透了。

胡华在华北联合大学教育学院准备讲授中国革命史，苦于没有任何资料，丁浩川拿出自己珍藏的《向导》合订本、华岗著的《中国大革命》和一些油印的党的刊物送给他。这些书籍刊物曾经藏在丁浩川故乡老宅夹墙的墙缝里，才在残酷的斗争中得以保全。

为了揭露国民党抓壮丁，胡林昀等北方大学语文教员选定杜甫的《石壕吏》作为教材。但当时学校图书室里没有一本杜甫诗选，仅有的几本线装书也没有收录这首诗，八九位教员只好坐在一起回忆原文，你一句我一句地背诵，凑出了一篇《石壕吏》。胡林昀承担哲学课的教学任务时，全校只有一本哲学辞典，教员只能暂时借阅，不能长期留在案头参考。为了备课方便，胡林昀自己订了一个本子，抄录常用的名词释文，成了一本手抄版"哲学辞典"。

条件异常艰苦，但建设一座图书馆的计划与努力从未停止过。1946 年 1 月 5 日，北方大学成立，边区政府请示中央，诚邀中央研究院范文澜副院长任北方大学校长。范文澜上任前，毛泽东精心挑选了两箱图书交给他，用于筹建北方大学图书馆，其中一套精装中文版《资本论》尤为珍贵。说起毛泽东这套《资本论》，得来也相当曲折。中译本于 1938 年 9 月，在日军重重包围的上海租界首次出版，初印 2 000 本，运到广州后全部损失。此后，又加印 1 000 本，分四地转运，其中，运往武汉的一部分《资本论》辗转运到延安，毛泽东才得以系统研读。1941 年，毛泽东在《关于农村调查》一文中写道："马克思的《资本论》就是用这种方法来写成的，先分析资本主义社会的各部分，然后加以综合，得出资本主义运动的规律来。"毛泽东将《资本论》赠予范文澜，希望北方大学师生能很好地学习研究，为和平建国打下扎实的理论功底。

范文澜深知筹建图书馆对于办学意义重大，在北方大学校部设秘书处、总务处专门负责图书购置，通过购买和接受捐献的方式，很快新增图书 5 000 多册，以解燃眉之急。各院教师也各显神通，多方筹措。文教学院院长张宗麟为解决外文资料奇缺问题，写信向廖承志、梅益等同志求助，得到了一批英文书报材料，又从大连市市长那里买来了大批俄文书报，还从杨之华之女瞿独伊那里收到了许多俄文教材。张宗麟离开延安时自带了一些书籍，行军途中陆陆续续丢弃了不少生活用具，唯有书本一本不少。他慷慨地把这些书拿出来，供师生借阅，同学们戏称"张院长家像个小图书馆"。

就这样积沙成塔，华北大学迁入北平后，藏书量达到了空前的20万册。北方大学此前曾经在北平购买了一批书籍，因国民党封锁未能运回解放区而存放在琉璃厂书商处，现在自然归华北大学所有，加之华北大学又借用了华北文法学院图书馆的馆舍和图书，解决了馆舍问题，终于实现了全校师生的夙愿，建起了自己的图书馆。

## "小长征"——从正定到邢台

1948年8月，华北大学在正定办学，虽然处于人民解放战争不断取得胜利的形势下，但仍然免不了遭受战争的干扰。9月中旬，国民党飞机疯狂袭扰石家庄一带。为预防敌人空袭，学校还轮流派人持枪在房顶放哨。

10月下旬，国民党傅作义部队得知华北解放军主力转移到北线作战，南线空虚，就妄图利用这个机会实行"挖心"战术，派兵偷袭石家庄及驻在附近的中共中央机关。中共中央获悉这一消息后，立即命令驻在滹沱河北岸的机关、学校全部撤到滹沱河以南，叶剑英亲自给成仿吾打来电话，通知华北大学赶快向南转移。华北大学当即开始紧急备战。10月26日下午4时，学校做了动员，当天黄昏全校就迅速做好了转移准备。每个班成立先遣队、文工组、民运组、收容病号组、警卫组，由同学们自动报名参加。全校师生队伍在"打到南京去，活捉蒋介石"的雄壮口号中出了校门，向解放区纵深的邢台撤退。当晚来到滹沱河边，师生每20人一船陆续渡河，然后分为几个梯队朝着正南方向连夜行军。

最初两天，为了防备敌机空袭，队伍白天休整、夜间行军，数日后改为白天行军。每天只走三四十里，早晨走十几里，到达村子后休息，下午再走

华北大学学员踏上征途

一二十里，然后再分别投宿。每到深夜，队伍进村，先遣队领着师生到老乡家。老乡们对待学生就像对待自己的孩子，听到敲门声就赶紧迎出来，提着油灯，一把接过行李，亲热地把同学们让进屋里，让长途奔波的同学们赶紧上炕歇歇脚。同学们感到无比亲切，真正感到和人民群众是一家。

每到一个村子，民运组的同学都不顾疲劳，立即展开宣传工作。在河村时，传来了沈阳解放的消息。老乡们有的端了饭碗，妇女们手拿针线，一下子就围拢了几十人。有的老乡还不知道沈阳在哪儿，同学们就耐心跟他们解释。行军路上，同学们充分发挥革命互助友爱精神，体力好的帮助体力弱的拿东西，抢背包成了普遍现象。有一位同学拿了四个背包，怕被人发现，打成一个大包，走起路来还装着雄赳赳气昂昂、毫不费力的样子。队伍走到宋曹时，12班一个女同学因脚痛掉了队，另外一个同学随即赶上去，把她背到背上，走了两里多路才到村里。病号坐的大车过河时翻了，一个同学急忙脱了衣服跳到水里，把病号背上来。

## 迎接新时代的曙光
## ——华北大学

正定距邢台近 400 华里，经过连续几天的跋涉，华北大学师生于 11 月 4 日先后到达邢台以西的山村。此时传来喜讯：一是人民解放军解放锦州，歼敌十余万人；二是由于国民党军队在两年的内战中屡战屡败，因而准备偷袭石家庄的部队士气不振，犹如惊弓之鸟，他们一路上草木皆兵，行进速度极慢，唯恐掉进解放军的圈套，所以解放军的部分兵力和民兵刚一隔河阻击，他们就立即逃回保定去了。

11 月 7 日，华北大学在邢台市内召开祝捷大会，大会由钱俊瑞主持。钱俊瑞宣布：第一，庆祝东北全境解放；第二，通告第四野战军即将进关参加平津战役；第三，纪念苏联十月革命节；第四，华北大学新民主主义青年团筹备委员会成立。11 月 8 日，华北大学部分师生先行动身返回正定，此次全是白天行军，因为有了前次行军的锻炼，大家走得轻松愉快，只用一周左右时间，就于 11 月 14 日回到了正定。

这次往返 800 里的行军，对于刚从国统区来到解放区的青年学生，无论是在思想上还是在体力上都是一次极好的锻炼和考验，又被称为"小长征"。在行军中不但没有一个人怕苦怕累、没有一个人掉队，而且大家团结互助，争着为集体、为他人分忧解难。一路上，学员们看到土地改革消灭了几千年的封建地主压迫，实现了"耕者有其田"，农村的生产力得到解放，翻身农民真心拥护共产党和解放军。有了这些艰苦行军的锻炼、接触群众的感受、取得胜利的鼓舞，学员们对中国革命必将取得最后的胜利都充满了信心。

华北大学学员行军

## 俄文大队

1949年6月,毛泽东发表《论人民民主专政》,指出:"严重的经济建设任务摆在我们面前。我们熟习的东西有些快要闲起来了,我们不熟习的东西正在强迫我们去做。……我们必须学会自己不懂的东西。我们必须向一切内行的人们(不管什么人)学经济工作。"新中国呼之欲出,战争重创的国民经济亟待恢复,中共中央希望争取苏联的援助,尽快恢复经济,发展生产。

华北大学学员在上俄文课

向苏联学习,首先要培养一批懂俄语的专业人才,任务落到华北大学身上。9月,一接到中共中央的指示,华北大学就成立了俄文大队,一开始是为了培养专门的翻译人才,后来学校领导干部、其他专业的同学也相继加入。华北大学开设俄语教学是有相当基础和经验的，早在 1946 年 6 月，其前身华北联合大学就成立了外国语学院，院长浦化人，下设俄文、英文两系，还为中央军委办过俄文班。

俄文大队调集部分干部、研究生和留校学员共 500 余人脱产学习俄语，一共有 11 个班，第 1～6 班是新毕业留校的学员，第 7 班是来自一部的研究生，第 8、9 班是学校的干部。10 月，学校又将各班有俄文基础的 10 多名人员抽出来组成第 10 班。有基础的人教起来效率更高，以此来加快教学进度，而这部分人一旦达到相应水平，就可以去做俄语老师，带领其他同学一起学习，某种程度上，这也算培养俄语师资力量了。到了 11 月，由于正定分校的学员毕业，学员队的干部撤回北京，这部分人就组成了第 11 班。

学校想尽一切办法创造学习条件，请来了大批专业教员，其中有原中法大学教师、苏联驻国民党政府大使馆翻译、侨居哈尔滨的苏联公民，他们都被学生们的热情所感染，尽职尽责，使同学们的俄文水平提高极快。

为了满足社会民众学习俄语的需要，1949 年 11 月，华北大学依靠俄文大队的师资力量成立了俄文业余学校，俄文大队的学生充当教师，借此机会教学相长。学校陆续从俄文大队抽调学有所成的学员充实到学校各单位工作，有的转入了俄文专修班，有的转到了其他系学习，其中还有一些成绩好的同学被推荐到了中央有关部门做翻译工作。

中国人民大学成立后，俄文大队的历史结束，学校成立了俄文专修班，继续为国家培养俄语专业人才。1950 年 9 月，俄文专修班改建为俄文系。

## 在革命的熔炉里

华北大学的任务,是为全国解放培养干部。为此,华北大学形成了以短期培训为主要形式的办学模式,全校实行四部两院制。一部是短期政治培训班,时间一般为 3~6 个月,任务是教育新入学的青年知识分子掌握马列主义毛泽东思想的基本知识,初步了解中国共产党的纲领和政策,树立革命的人生观和为人民服务的革命作风。二部是师资培训班,时间一般为 6 个月,任务是培养中等学校的师资和其他教育干部。三部是文艺培训班,以培养文艺骨干为目标。四部是研究部,设 8 个研究室,以研究专门问题和培养提高大学师资为主。两院即农学院和工学院。正如华

华北大学招生简章

## 迎接新时代的曙光
## ——华北大学

华北大学学员举行学习竞赛

大一部负责人陈唯实所说："华大是一座革命的大熔炉，同学们将在这里受到冶炼，学习革命理论，武装自己，成为有用的人才，去参加解放全中国的斗争，建设新中国，为实现共产主义的伟大理想而英勇奋斗。"

华大的学习主要分为五个步骤：学生自学、听大课、小组讨论、问题解答和学习小结。上大课就在露天广场，讲台就是广场前的土台子，一两千名同学坐在学校统一发的马扎上，望过去甚是壮观。开讲之前先赛歌，有齐唱，有合唱，充满了年轻人特有的朝气与活力。老师开讲了，前一刻还热闹非凡的广场立刻变得鸦雀无声，大家都拿出笔记本，一边专心听讲，一边伏在膝头认真做笔记。小组讨论中，大家畅所欲言，最后则要结合自己的经历、立场、观点认真总结。

华大坚持理论联系实际的教学原则，经常结合课程内容组织参观活动。在学习抗日战争这段历史时，学校组织同学们到正定城外几十公里的三邱村，由参加过游击战的战士和干部向大家讲述当年的战斗场景，形象地再现了当年八路军和游击队开展敌后游击战的生动画卷。同学们钻进地道，实地感受当年地道战的艰苦与实用。晚上在房东家中，听老乡讲抗战故事，使同学们深切感受到了人民群众的伟大，共产党领导、组织起来的民众，是任何强敌都不能战胜的。短短的三天时间里，大家不仅接受了一次生动的革命传统教育，而且和村民结下了深厚的感情。临走那天，村里的年轻人抬出大鼓一路敲打着，把师生送到离村很远的地方，仍难舍难分。

华大聚集了以艾思奇、何思敬、张宗麟、何干之、尚钺、艾青、李焕之等为核心的一批优秀教师，吴玉章、范文澜、成仿吾三位校领导也经常亲自登台讲课。数九寒天，古稀之年的吴玉章披一件棉大衣，坐在露天讲台上，讲解中国人民从鸦片战争以来的奋斗历史，丰富的史料和生动的讲解常常引起学生们的热烈鼓掌。学校还经常邀请校外专家学者、中央和地方的负责同志来为学员们做报告，极大地调动了同学们的学习热情。

华大的物质生活条件无疑是艰苦的。几十人居住在一个大房间，没有床铺，全睡在铺有稻草的席子上。大家平常吃的是小米饭、窝窝头、高粱米饭，菜是白菜、萝卜，十个人围在一个菜盆周围就餐。有病的同学才能够吃到一碗面条，称为"病号饭"。尽管条件如此艰苦，学校还是千方百计改善大家的生活，每星期吃一顿馒头，过年过节时还会加猪肉、牛肉、羊肉、粉条等四五个菜。没有课桌椅，每人只有一只用几条木棍、一根绳子串起来的马扎；笔记本用的是学校发给的黄色土纸，自己裁成32开装订成的；不少同学把钢笔尖插在高粱秆上再用线缠起来以代替自来水笔；墨水则由蓝靛料兑水制成。当时每人每月津贴费只有六斤小米、半斤猪肉、八两烟叶的折价现金。学员中有不少是来自北平、天津大中学校的学生，对这种生活一开始确实是难以适应的。

华大的领导和老师以身作则、率先垂范，和学员们一起过着同样艰苦的生活。在他们的引领下，同学们始终保持着昂扬向上的精神状态，逐渐克服了生活上的种种困难。每天早晨6点起床

华北大学二部乐器组在练习

华北大学学员欢送去西北、南下的同学

后,就以班级为单位进行跑步、扭秧歌、跳集体舞、唱歌,《将革命进行到底》《团结就是力量》《华北大学校歌》《兄妹开荒》《歌唱二小放牛郎》等都是大家爱唱的曲目。各班还经常互相拉唱、罚唱、对唱,开展友谊比赛。华大文工团也为同学们上演过《白毛女》《赤叶河》等剧目,来丰富大家的文化生活。过春节时,全校举行团拜,各班分组包饺子,拉胡琴、吹笛子,说说唱唱,不亦乐乎,比在家里还热闹。正是在这种环境中,学员们逐渐养成了吃苦耐劳、艰苦奋斗的革命作风。

1949年3月上旬,学校党委号召华大一部毕业生积极参军,参加到解放江南的伟大行列中去。当时一部千余名同学都踊跃报名参加,但由于中央决定要大量培训知识分子干部,同时考虑到即将在北平成立的华北人民革命大学也需要为数不少的教学辅导干部,学校最终只批准了300余名同学南下参军。送别当天,300余名同学都换上了绿色的军装,戴上了鲜艳的大红花,在鞭炮声和锣鼓声中怀着对革命的满腔热情,奔赴渡江战场。未能去参军的毕业生,按照学校安排,从华大走向了各个机关院校,投入到知识分子思想改造和培养建国干部的工作中。

## 从正定到平津

1948年12月17日,吴玉章从中共中央所在地西柏坡村返回学校,带回了中共中央的指示:在北平解放之后,华北大学将迁北平办学,并在平、津公开招生。这个指示一经传达,与会者无不欢欣鼓舞、情绪激昂!会后,学校立即抽调大约三十名干部组成招生组,由徐靖领队,徒步行军,奔赴北平附近待命。一路到达良乡,招生组即编入人民解放军军管会序列。

与此同时,华北大学也预备着从正定到平、津的迁徙。12月中旬,华北大学派出两支精干的队伍,分赴北平、天津前线,准备参加两市解放后的军管工作。他们意气风发,行走在人民解放的大路上,胜利的自豪感油然而生,激励着每一个人加快脚步,恨不得一步就到达平、津前线。

良乡是北平的西南门户,以钱俊瑞为首的60多名干部抵达这里后,钱俊瑞即被任命为北平市军事管制委员会文管会主任,负责接管北平高校。一部副主任林子明率领数十名干部在天津市以西的胜芳待命。1949年1月中旬天津解放以后,林子明出任天津市教育局副局长,主持日常工作,领导接管了全市的师范学校和中、小学。

1949年1月31日,北平宣告和平解放。2月3日,人民解放军举行了盛

迎接新时代的曙光
——华北大学

华北大学腰鼓队进入北平城

大的入城仪式，华北大学文工团则配合入城仪式和军管工作开展街头文艺宣传，慰问部队、工人、学生、各界代表和市民。欢庆胜利的战鼓和秧歌舞的行进表演，从前门、西单一直到南池子，大家不知疲倦地表演着，把胜利的喜悦传递给在场的每一个人。

"华北雄壮美丽的河山，是我们民族发祥的地方，争得了人民战斗的胜利，新民主主义的道路无限宽广。"北平解放之际，华大三部大部分师生和文工一团、文工二团也陆续出发奔赴北平前线。随军进入北平的华大师生们，活跃在北平的大街小巷，以精彩的演出和热烈的大秧歌，与北平军民一起欢庆着北平的新生。"我们是新文化的先锋队，要掌握最进步的科学艺术，学习马列主义毛泽东的思想。我们忠诚、团结、朴实、虚心、意志坚强；要把新时代的革命潮流更推向高涨。勇敢、勇敢，我们要表现人类创造的力量，勇敢、勇敢，我们要表现人类创造的力量！"驻军和当地群众们观看着一场场精彩美妙的慰问演出，感受着解放区新文化的独特魅力。三部主任沙可夫，副主任艾青、光未然，则直接参加了北平市军事管制委员会文化接管委员会的工作。

与此同时，由正定经保定、涿县到北平西郊的石景山，华北大学工学院的150多名学员由华北人民政府公营企业部借调，到平、津参加工厂、企业的军管工作。从正定经无极、伍仁桥、蠡县、任丘、新镇、霸县到胜芳，去天津的一路，华大工学院学员们在此待命，时刻准备着。

刚刚解放的北平，街头到处是欢腾和喜悦的人群。一辆小吉普车从远处驶来：长途跋涉、风尘仆仆的成仿吾，带着华大进京的使命，不辞辛劳地赶到北平，为华北大学迁往北平及在北平招生、办学四处奔走，并解决校舍问题。进城后，成仿吾住在南池子的一所原国民党特务机关的房子里。他多方奔走，为华北大学找房子、看房子，最后看妥了铁狮子胡同、东四六条、蓑衣胡同、海运仓等几处房子。

成仿吾安排好校舍，立即返回正定，安排师生迁往北平。总务处处长鲍建章先行带领一批后勤干部赶赴北平，投入后勤准备工作，大至修理灶房、配备家具，小至发放铺草，后勤工作人员都认真准备着。当时，华北大学分布在北平全城的大小宿舍有六十余处，大、中、小灶伙房共五十多个，这群可爱的华大人不辞辛苦、默默奉献，为做好后勤保障，忙得不亦乐乎，为师生顺利迁到北平创造了较好的条件。

1949年4月，华北大学终于顺利迁入北平。遵照中共中央关于放宽招生条件、大量吸收知识分子、为解放全中国迅速培养大批干部的指示精神，华北大学放手招生，敞开门来办学，来者不拒，并把办学重点放在一部，即短期政治训练班，共招收学员一万五千余人，并在正定和天津各办一所分校。正定部分由李新负责，天津部分由宋涛负责，两地与北平校本部同时办学。1949年底，大部分学员经过培训，毕业并走上工作岗位，成为人民解放与新中国建设的骨干力量。

华北大学正定分校政治学习班结束时回北京前全体干部合影

迎接新时代的曙光
——华北大学

## 朱德总司令参加毕业典礼

进入 1949 年，中国人民解放战争的步伐骤然加快，淮海战役、平津战役相继结束，渡江战役又取得全面胜利，彻底推翻国民党反动统治已经指日可待。解放区建设急需大批干部，华北大学也加快了干部培养的速度，一批批年轻学生，结束在华大的学习，奔赴到革命最需要的地方。

华北大学在不到一年半的时间中，共举办过三场毕业典礼，先后有 13 批学员毕业。1949 年 7 月 31 日华北大学一部 5 至 9 区约 5 000 名学员的毕业典礼，尤其令人难忘。

华北大学一部是短训班，按照中央的要求，这一期毕业的学员主要是追随人民解放军的步伐，分配到西北和南方工作。为更有力地鼓励和动员同学们在工作岗位上为国家的解放和建设事业做贡献，吴玉章校长在毕业典礼的前一天，特意电话邀请时任中共中央书记处书记、人民解放军总司令的朱德来参加毕业典礼。朱德总司令爽快地答应了！在人民解放战争最关键的时刻，这位指挥着全国数百万解放军的总司令，在百忙之中专门来参加同学们的毕业典礼，多么振奋人心啊！消息传来，同学们奔走相告，多少人激动得一夜都难以合眼。

31日下午，同学们早早来到会场，期待着毕业典礼的开始。会场设在正定县城华北大学一部的广场上，主席台正中悬挂着毛主席在延安时的肖像，上方是一幅红布剪字横额——"华北大学学员毕业典礼大会"，左右两侧垂挂两幅标语，表达了毕业生们坚定的革命志向——"西北的风沙挡不住我们前进的步伐""南方的炎热征服不了我们革命的决心"，整个会场的气氛显得隆重而热烈。大家静静地坐着，难掩心中的激动，期待着德高望重、功勋卓著的神奇统帅的到来。

终于，朱总司令由吴玉章校长和范文澜副校长、成仿吾副校长等人陪同，步履稳健地走进了会场。他身穿一套褪了色的黄布旧军装，戴着一顶旧军帽，脚踏一双薄底布鞋，满面红光、神采奕奕地出现在了大家面前。同学们以暴风雨般的掌声和欢呼声欢迎朱总司令的到来，"向敬爱的朱总司令致敬"的口号声震耳欲聋，响彻会场，人人都沉浸在激动与欢乐之中。

3点整，毕业典礼正式开始，但同学们依旧难掩激动，欢呼声此起彼伏，直到扩音器连续要求同学们静静坐好，大家才渐渐安静下来。首先是吴玉章校长讲话，他希望同学们走上工作岗位以后，要切实按照"忠诚、团结、朴实、虚心"的校训要求，做一个全心全意为人民服务的勤务员。接下来，吴玉章校长宣布："现在请敬爱的朱总司令讲话"，会场上再次响起雷鸣般的掌声。

朱总司令从座位上站起来，频频向同学们挥手。他首先介绍了解放战争的形势，告诉大家，全国解放的日子就要到来了！接着，朱总司令勉励同学们说："现在南方和西北还有许多省份——两广、云、贵、川、康、甘、宁、青、新等省还没有解放，那里的人民正处在水深火热之中，引颈翘盼解放军的到来。同学们毕业后多数分派到南方和西北去，很好，这是最光荣的任务。"他还嘱咐大家要努力做好革命工作："同学们毕业了，很快就要走上工作岗位了，参加革命工作了，但学习是无止境的。同学们要学到老、做到老，永远做个小学生，全心全意为人民服务。"朱总司令讲话结束，掌声和欢呼声再一次淹没

迎接新时代的曙光
——华北大学

了会场。

　　散会后,同学们纷纷邀请朱总司令签名题字。朱总司令欣然命笔,写的仍然是他在讲话中勉励同学们的六个字:"学到老、做到老"。

　　毕业典礼结束了。几千名同学在无比振奋和激动中,接受了西进南下的光荣使命。晚上,大家又欢聚在一起,手拉着手,跳舞、欢呼、歌唱。离别前的夜晚,注定无眠。

　　8月,同学们满怀着对母校的依依不舍之情和即将踏上工作岗位的豪迈气概,一遍遍唱着"别了,别了,同学们!我们再见在西北。别了,别了,同学们!我们再见在江南……",踏上了新的征程。华北大学的教诲,朱总司令的嘱托,伴随着他们,进西北,下江南,为着新中国,奋斗、奋斗!

　　(根据陈圣洁《聆听朱总司令的教诲》改编)

第一篇 建国树人新使命

## 华北大学的同志们万岁

1949年9月21日，中国人民政治协商会议召开，传来了中华人民共和国即将成立的好消息，华北大学的全体师生都极为兴奋。紧接着，就接到了华大师生要参加开国大典大游行的通知，师生们都踊跃报名，唯恐自己被落下。时间紧，任务重，华大师生开始了紧张的队列训练。每天一早，大家就在铁狮子胡同一号大院内开始训练，不仅上午练、下午练，晚上也要加班练。队列训练非常严格，要求头部45度倾斜，双眼直视，正步走要整齐划一，整排列队成一字形。师生们一遍遍反复练习着每一个动作，虽然单调枯燥而且非常辛苦，但大家没有一个人喊苦喊累，能够参加开国大典大游行的兴奋，像一把火点燃了每一个人的激情，让大家忘掉了一切疲

**华北大学学生从学校出发准备参加开国大典游行**

迎接新时代的曙光
——华北大学

参加开国大典的华北大学学员方阵

累。与此同时，华大各部的师生也在为大游行准备着文艺节目，决心把华大最精彩的一面在大游行中展示出来。

10月1日上午，师生们精神抖擞，整装待发，迈着矫健的步伐进行了最后一次彩排。中午，华大二部几百人的队伍走进天安门广场，被安排在了金水桥右前方正对着天安门城楼的位置，可以清晰看到主席台上的景观。主席台就设在天安门城楼上，上面挂着"中华人民共和国中央人民政府成立典礼"的横幅，城墙的正中悬挂着毛主席的巨型画像，东西两侧分别是"中央人民政府万岁"和"中华人民共和国万岁"。下午3时，典礼正式开始，毛主席向全世界庄严宣告："中华人民共和国中央人民政府成立了！"随后，毛主席按动电钮，五星红旗缓缓升起，《义勇军进行曲》奏起，54门礼炮整齐连发28响，寓意全中国54个民族（当时认定全国有54个民族）在中国共产党的领导下，历经28年的奋斗，取得了国家独立、人民解放的胜利。华大师生站在广场中心，目光凝聚在天安门城楼上方，亲眼见证了中华人民共和国成立的伟大时刻，每个人的脸上都洋溢着无比激动的神情。

海陆空三军接受检阅后,群众游行仪式开始,游行队伍的最后部分是14万人组成的大中学校师生队伍。华北大学和华北人民革命大学最后出场,共计约4万人,占大中学校游行队伍的四分之一强。

下午6时许,夜幕即将降临,华大三部的师生走在最前列,他们高举毛主席亲笔题写的"华北大学"横幅进入天安门大道,近百面大红旗开道,甚是气派。紧随其后的是千人火把队,师生们用高举的熊熊火炬拼成"毛主席万岁"5个大字,映红了天安门上空。接着是美术系的师生,他们展示出了自行创作的多幅毛主席画像以及人民革命斗争的多个场景。然后,文工团表演了大型舞台剧《万岁人民共和国》。文艺队伍表演过后,迈着整齐的步伐而来的是华大一部、二部的学生、干群方阵,大家健步走来,充分展现了从解放区来的革命的人民的大学本色。待队伍走到金水桥边时,华大师生见到毛主席,激动地高喊:"中华人民共和国万岁!""毛主席万岁!"同时,毛主席不断挥动着大手,向华大的师生们致意,当看到华大游行彩车上自己题写的校名、看到这些祖国未来的建设者时,他激动地呼喊出:"华北大学的同志们万岁!"声音不断从扩音器里传出,响彻在天安门广场的上空。

游行结束已是深夜11点左右,华大师生徒步走回铁狮子胡同一号宿舍已是12点多了。虽然都已经非常疲累,但很多师生还是聚在一起,久久不肯散去,交流着参加开国大典和大游行的感受,难以平复听到"华北大学的同志们万岁"时的激动之情。学生们都期待着早日学成毕业,为伟大的新中国贡献自己的全部力量。

迎接新时代的曙光
——华北大学

## 新中国文教事业的摇篮

1949年夏，全国大部分地区已经解放或即将解放，新生的人民政权百废待兴。中共中央根据当时的国内外形势，规划了新中国高等教育的战略框架，并把学习苏联经验、培养社会主义建设人才的重要任务交给了华北大学。除以校本部的大部分力量作为建立新型的中国人民大学的基础以外，华北大学还将一些院、部、系、室划分出去，按照专业类别建设新的高等院校、科研机构或文艺单位，创办"华大式的学校"，成为新中国文教事业的摇篮。

华北大学一部、二部、三部停止招收新生，对已经入学和已经录取的学员负责到底，让他们继续完成学习任务，并保证分配工作。其中一部已经入学的第10区队学员从天津分校迁至正定分校，继续完成学业。二部第二期学员共79人，其中半数留校，其他学员分别到中央机关、北平市各中学和江南、西南、西北等处工作。外语系第一、第二期学员近100人，除毕业分配工作的以外，到1949年8月还有30余人，这时在校的全体师生同北平外事学校队伍合并，成立直属中共中央外事组领导的北平外国语学校。北平外国语学校即后来的北京外国语学院、北京外国语大学的前身。

1949年4月，三部将美术工厂移交给新华书店，后来这些工人转入荣宝斋，器材也移交给荣宝斋。1949年8月，以江丰为首的十余名美术教员赴杭州接管杭州艺术专科学校，该校后来发展成为中央美术学院华东分院，后改为浙江美术学院，1993年更名为中国美术学院。

三部学员共1 056人，因为有演出任务和要参加开国大典，到1949年10月才开始分配工作。学员毕业后，三部主任沙可夫、副主任艾青去中华全国文学艺术工作者联合会工作；副主任光未然带领部分干部、教员和戏剧专业、文工一团、文工二团参加创建中央戏剧学院，其中文工一团改建为中央戏剧学院歌剧团，文工二团改建为中央戏剧学院话剧团，以戏剧专业舞蹈班为基础建立了中央戏剧学院舞蹈团，将原来各单位乐队合并组建起中央戏剧学院乐队。以后几经改组，从中央戏剧学院发展出了各自独立的中央歌剧舞剧院、中国歌剧舞剧院、北京人民艺术剧院、中央乐团、中央歌舞团、中央民族乐团、东方歌舞团、中国青年艺术剧院等艺术院团。一部分戏剧、音乐、舞台美术等专业的师生参加了戏剧改革工作，他们后来成为中国评剧院、中国京剧院的创作骨干，构成了中国戏剧理论的研究队伍。

美术专业与北平艺术专科学校合并成立中央美术学院。

以李焕之为首的音乐专业师生，同以吕骥为首的东北鲁迅艺术学院音乐系进关的师生共同组建了中央音乐学院。

文学专业的师生调入中国作家协会系统工作，他们创办了《文艺报》和《人民文学》杂志，部分人员参加了丁玲主办的文学讲习所的工作。

文工三团有一部分人员留下来组建中国人民大学文工团。1950年10月，学校撤销文工团建制，大部分人员到了北京电影制片厂等中央电影局系统单位工作。

四部政治研究所招收的300多名所员绝大部分已经毕业，少部分入校晚而尚未毕业的学员转到华北人民革命大学继续学习。1950年4月，四部机关和历史研究所约50人在范文澜的率领下调往中国科学院，组建了中国近代史研究所。

工学院从成立以来一直在河北井陉办学。1949 年 7 月，中共中央决定将华北大学工学院迁到北平。同年 8 月 7 日，第一批人员从井陉出发，到 8 月底全部迁移完毕。迁北平后的工学院暂驻中法大学，此后迁至地安门附近的南锣鼓巷，不久又搬迁到东四钱粮胡同。

工学院迁入北平后改由中央人民政府重工业部领导，并经历了一个大发展的时期。从 1949 年 10 月起，工学院增设专业、延聘专家教授、培养师资、扩大招生、加强教学管理、进行基本建设，使学院规模迅速扩大。1950 年 9 月，根据中央人民政府政务院总理周恩来的指示，教育部决定，将中法大学校部及数学、物理、化学三个系合并到华北大学工学院，中法大学的大楼，礼堂，图书馆和三个系的实验室、仪器设备、图书均归华北大学工学院使用。中法大学成立于 1920 年，是我国建立较早的著名大学之一，为国家培养了许多知名专家、学者。中法大学部分的加入，大大加强了工学院的师资力量，提供了工学院急需的办学条件，对工学院的建设和发展起到了十分重要的作用。到 1950 年底，工学院设立机械工程、内燃机工程、航空工程、汽车工程、电机制造

**在华北大学基础上组建成立的部分高校与团体**

工程、化学工程、钢铁冶金工程、物理共八个系和机械、电机、冶金、采矿、俄文五个专修科,开办了干部补习班和工农速成中学。

1951年11月18日,中央人民政府教育部根据政务院财经委员会副主任李富春的审定,将华北大学工学院改名为北京工业学院,即后来的北京理工大学,承担起开创我国国防工业教育的重要任务。

新中国成立以后,中共中央决定华北大学农学院和北京大学农学院、清华大学农学院合并成立北京农业大学,即后来的中国农业大学。

华北大学于1949年9月成立俄文大队,调集部分干部、研究生和留校学员共500余人脱产学习俄文,大队长由何楠若担任。俄文大队共设11个班,第1~6班由新毕业留校的学员组成,第7班由一部的研究生组成,第8、9班由学校中结束工作的干部组成;1949年10月,学校将各班有俄文基础的10多名人员抽出组成第10班,加快教学进度,以便培养俄语师资;同年11月,正定分校学员毕业,学员队的干部撤回北京,成立了第11班。学校为俄文大队聘请来一批俄语教员,其中有原中法大学教师、苏联驻国民党政府大使馆翻译、侨居哈尔滨的苏联公民,他们都能对教学工作尽职尽责。俄文大队是华北大学为自身发展、为向新型正规化过渡而组建的培养干部的学习单位,也是学校在转型期储备干部的临时机构。1949年11月,华北大学依靠俄文大队的师资力量成立了俄文业余学校,动员在职的干部、教员在业余时间自愿学习俄文。一时间,校内出现了一个学习俄文的热潮,一批干部、教员通过业余学校学习打下了俄文基础,为开展俄文教育奠定了坚实的基础。从1949年11、12月到1950年初,学校陆续从俄文大队抽调人员,有的分配到学校各单位工作,有的转入俄文专修班工作,有的转到其他各系学习,一些成绩好的学员还到了中央有关部门做翻译工作。中国人民大学成立后,1950年9月,俄文专修班改建为俄文系。

1949年8月,刘少奇访问苏联,和斯大林达成共识,并经毛泽东同意,由

### 迎接新时代的曙光
## ——华北大学

吴玉章在中国人民大学开学典礼上讲话

苏联帮助中国在北京创办一所正规大学，即中国人民大学。刘少奇亲自主持了筹备工作，由陆定一、钱俊瑞、吴玉章、成仿吾、范文澜等人组成了筹备委员会，筹备委员会提议以华北大学为基础成立中国人民大学。12月16日，中央人民政府政务院第十一次政务会议通过《关于成立中国人民大学的决定》。1950年1月，党中央下发了《关于成立中国人民大学的指示》，要求"各中央局、分局令各级党委保证人民大学招生完满成功"。3月13日，中国人民大学首次招收的本科生在铁狮子胡同校舍正式开课。华北大学胜利完成使命。

第二篇
革命熔炉淬成钢

## 坚定跟着共产党走

1948年的一个秋日，湖南号客轮从香港开出，经南海、过东海，一路北上。船上搭载着李公朴夫人张曼筠和民盟中央王健等一行人，他们应中共中央的邀请，在中共地下党组织的护送下，北上解放区。和他们同船而行的还有一群充满朝气的小辈们，他们满怀着对解放区的向往，在船上热烈地交谈着，不时发出欢快的笑声，为单调枯燥的航程增添了许多乐趣。从香港到解放区，千里迢迢。经过多日航行，轮船终于靠岸。大家上岸后，又历经艰险通过了封锁线，终于来到解放区。作为民主革命人士的后辈，张国男、李国友、萨石、萨沄、张大简一行人商定抛弃繁华的城市生活，加入革命的队伍。这些青年们生长在民主的家庭中，父辈追求光明的言行和事迹已经在他们的脑海中打下了深深的烙印，影响着他们的人生道路。张国男出生在九一八事变后十几天，父亲李公朴是著名的民主斗士，为使她不忘国难，特意为她取名为"国男"，谐音"国家多难"，家庭的民主使她后来自由选择了随母亲张曼筠的姓。两年后，弟弟出生了，父亲取名为"国友"，是"为国分忧"的谐音。"国家多难，为国分忧"是父亲对时局的判断、对儿女的期望。

李公朴为争民主、求解放坚持不懈地奋斗了一生，直至1946年7月11日

## 迎接新时代的曙光
## ——华北大学

晚被国民党特务暗杀。国民党的残暴没有吓倒姐弟二人，在母亲张曼筠的教导下，他们毅然和母亲一起，来到解放区，加入到革命的队伍中来。萨石、萨沄的父亲是当时有名的进步新闻记者萨空了。他同样为抗日救国与争取民主自由奔走呼号。香港、新疆、重庆这些土地上都留下了他红色的足迹，先后经办的《立报》《新疆日报》《新蜀报》《光明报》也都受到当地读者的热烈欢迎。解放后，他任人民美术出版社社长、《人民政协报》总编辑等，为新闻出版事业奉献了余生。父亲的经历使得萨沄早早对共产党产生了好感，认为"她是争取民族解放和人民平等自由的指路明灯"。

1948年10月，在华北大学成立两个月之时，张国男、李国友、萨石、萨沄以及张冲之女张大简5人一同来到华北大学，踏入这座他们向往已久的"革命的熔炉"，被编入一部21班，开始了他们人生新的篇章。

来到华北大学，首先要克服的是生活上的困难。当时的华大，生活条件极为艰苦。中午，深秋的阳光照在院中，当其他同学围坐在一起，捧着小米饭，就着酱油煮胡萝卜汤，吃得津津有味时，萨沄却在发愁。在家时，她既不吃胡萝卜，也不吃香菜。萨沄强迫自己就着胡萝卜吞下一小口小米饭。几天以后习惯了，原来胡萝卜还是很香很香的！

还有，就是难挨的冷。转眼进入冬天，正定的气温一天天走低，北方的严寒不留情面地摧残着这几朵来自南方的小花。他们用棉帽捂严耳朵，脚踩老百姓做的棉鞋，还要在宽大的裤腿和腰间系根绳子，以防透风。到了夜晚，他们在大庙院中就寝，在大通铺上如果要翻身，夸张点儿说需要喊"一、二、三"，要大家一起来翻身，否则，大腿难免会压着"邻居"。

思想上也要经受锻炼。"在国统区我是进步的，怎么到解放区反而落后了？"大家一时想不明白，过去自己在昆明、上海等地参加了多次学生运动、民主运动，和国民党反动派进行了各种斗争，怎么还不够进步？通过系统的学习，大家终于明白，只有认真学习马列主义和毛泽东思想，走与工农相结合的道路，才能真正掌握革命的理论，真正成为自觉的革命者。

校长吴玉章、副校长成仿吾等老师也都关心着青年学子的成长，为学生讲大课，讲革命的道理、讲斗争的形势，引导学生认真学习马列主义毛泽东思想，自觉改造世界观、人生观和价值观。他们慢慢明白了立场对一个人的重要性，懂得了怎样摆正自己人生的航向，懂得了仅凭朴素的正义感与国民党反动派斗争是远远不够的，还必须掌握正确的理论，还要学会动员群众、组织群众，与工农大众一起，与反动派进行斗争，才能最终取得革命的胜利。

华北大学一部毕业生向母校献旗

1948年10月底的那次战备行军是他们每个人都难以忘记的人生经历。当时，国民党妄图偷袭中共中央驻地西柏坡，解放区进入紧急备战状态，华北大学的学生也奉令南撤河北邢台。经过10天的艰苦行军，张国男等人和老师、同学们一起过滹沱河草桥，经过栾城、直流河，到达了邢台西乡先贤村。连续的急行军后，大家都极为疲累，有人夜半行军走着走着就进入了梦乡，直到一头撞在前边同学的背包上，才能醒过来，然后揉揉眼睛，跟紧着前边同学的脚步继续前进。行军途中，他们受到了沿途百姓的热情招待，看到了分到土地的农民对于共产党和解放军的真心拥护，更加坚定了紧跟中国共产党革命到底的信念。这个信念一直陪伴着他们走好人生的每一步！

迎接新时代的曙光
——华北大学

## 把青年人送到解放区

1947年的秋天，比以往更加萧索，中国大地上重新燃起的战火，让广大人民在短暂和平的美梦中猛然惊醒，战争裹挟着黑暗呼啸而来，一时间，阴云密布，暮霭沉沉。

从上海到天津的轮船上，陈辛茹想到此行将再见到吴晗先生，会给她指出一条去往解放区的道路，心情既焦急又兴奋。船行缓慢，陈辛茹有充分的时间细细回想上次和吴晗见面的每一个细节。不久前，吴晗从昆明赶到上海，参加民盟举办的记者招待会。先生的挚友李公朴、闻一多在昆明被国民党特务暗杀的事件刚刚过去不久，白色恐怖在白区蔓延且更加浓重，让人有喘不过气的感觉。吴晗在记者招待会上谈起了李公朴、闻一多被国民党特务杀害的过程，讲到两位挚友牺牲的细节，先

吴晗

生心中郁结的悲恸之情再也无法控制,内心的悲愤终如决堤洪水,奔涌而出。他的情绪激愤起来,声音也变得激昂。他历数国民党反动派残忍卑鄙的暗杀罪行,强调人民的意志决不是可以通过暗杀来扑灭的,李公朴、闻一多倒下了,他们未竟的事业会有千千万万的人来完成。他以一个历史学家的身份预言:"杀害李公朴、闻一多在人民心中埋下了仇恨的种子,反动派必将自食其果。"吴晗慷慨激昂的演讲,让包括陈辛茹在内的现场学子群情激奋,决心踏着烈士们的鲜血,去和反动派勇敢地抗争。这次记者招待会上的讲话影响极大,在陈辛茹离开上海时,广大学生仍在吴晗讲话的鼓舞下,轰轰烈烈地开展着以"要民主、反独裁、反饥饿"为主题的学生运动。海风湿冷,但一想到就要再见到吴晗了,陈辛茹的内心像有一团火。希望给人以力量,支撑着暗夜中摸索的人们。

到了北平,陈辛茹两次拜访吴晗,他都热情地接待了她,还留她在家中共进午餐。开始,她还十分小心和拘谨,以为去解放区的事情毕竟在当时都是秘密进行,多次叨扰可能会给吴晗带来不必要的麻烦。但同去的朋友显然更了解先生的做派,向她解释道:"吴先生这儿是革命之家,坐下就吃饭不用客气",这才打消了她的顾虑。

吴晗当时是民盟在北方的领导人,一个重要任务就是向解放区输送青年才俊。他以清华大学教授的公开身份各处演讲,借学术报告的名义揭露国民党的反动统治,鼓励青年参加革命。也正因此,吴晗被一些人诬为地下党的人贩子,实际上,恰恰相反,吴晗的所作所为,是在解救被反动派拐卖的孩子,帮助他们回到革命的家。陈辛茹只是无数被吴晗送到解放区的年轻人中的一个。

在自己家里,吴晗多次向陈辛茹称赞北方大学是革命青年成长的摇篮,对校长范文澜的学术造诣不吝赞美,鼓励她到北方大学去学习。吴晗动情地表达了对解放区的向往,他认为解放区进行的土地改革是真正意义上向封建地主阶级宣战的"翻天覆地"的革命,所以他很期待去解放区"见见世面",但因为自己一时无法脱身，才未能成行。他鼓励年轻人有大好的时光和满腔的热血，要用来为民族解放和建设新的中国奉献力量。话锋一转，吴晗将目光落到陈辛茹身上，"所以说我很羡慕你们呐"。吴晗的话坚定了陈辛茹要到解放区去的决心，她迫不及待地要参加到这改天换地的斗争中去。

在吴晗等人的安排下，陈辛茹一行人很快就上路了。他们买了些棉布袍子，乔装打扮成走南闯北的买卖人，夹杂在农民中间乘车混过了国民党的关卡。行至解放区、国统区之外的"三不管"地带时，又遭到了土匪的拦截，钱物被抢劫一空。一路担惊受怕，还没到解放区，已经开始经受革命考验，好在离学校越来越近。一路上，不断有志同道合的青年人与他们会合，大家以牛车代步，行进在开阔的冀南平原上，满怀期待地奔向新的生活。

第二年，陈辛茹所在的北方大学和华北联合大学合并为华北大学，陈辛茹来到正定学习。没想到有一天，就在胡华的"新民主主义革命史"课堂上，教务长钱俊瑞突然陪着几位客人进来了，陈辛茹定睛一看，啊，走在最前面的不正是吴晗先生吗！原来党中央特别邀请吴晗教授和剧作家田汉、作曲家安娥等到解放区参观访问。吴晗在同学们的掌声中走上讲台，向久别的年轻人致意："我终于来到解放区了！大家都说我在国统区是民主教授，到人民解放区来自己不但是民主教授，而且是自由教授了。"

一年前，陈辛茹坐在吴晗家的餐桌旁，内心迷茫；一年后，她置身华北大学的课堂上，目光坚定。她多想冲到吴晗先生的身边，告诉他自己的成长，让他知道自己没有辜负他的教导。陈辛茹拼命克制着内心的激动，和同学们一起使劲鼓掌。她要把重逢的喜悦，化作进一步前进的动力，为即将到来的新中国而努力学习。

第二篇　革命熔炉淬成钢

## 张景良入学记

1949年早春，离北平100多公里的河北新城县师范学校里，学生张景良和同学们刚刚下课，他看到一群同学正在争看一份《人民日报》。"又有什么大新闻了吗？"张景良嘀咕着，也赶忙拉上同学凑到跟前去看，原来上面登载了华北大学、华北人民革命大学和华北军政大学招生的消息。

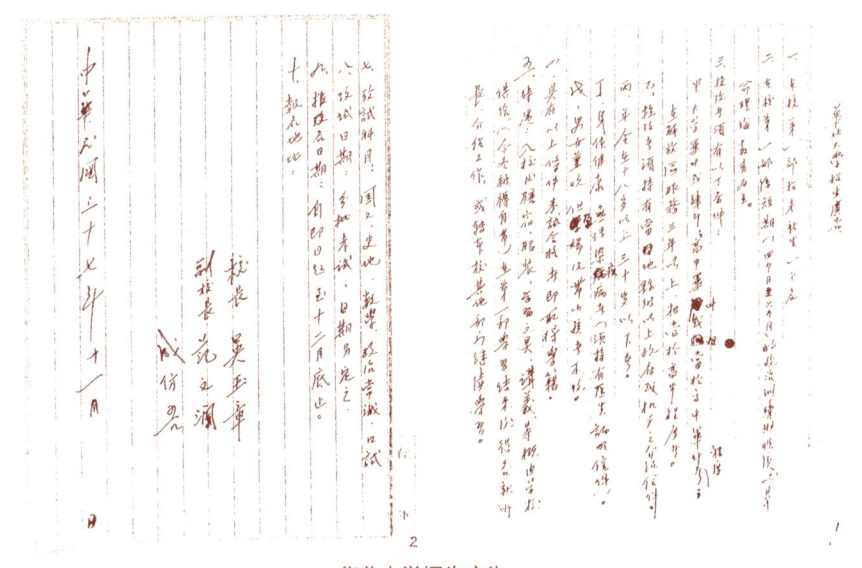

华北大学招生广告

## 迎接新时代的曙光
## ——华北大学

华北大学的入学考试，没有监考人员的考场

"考军大好""考革大好""考华大好"，大家七嘴八舌议论着。张景良和他的同班同学们相视一笑，他们可是很久之前就讨论过，想报考华北大学，没想到机会这么快就来了。大家都很兴奋，张景良马上找到自己任县长秘书的表兄出具证明，由他带领几位同班同学一起到北平报考华北大学。

大家分头回家收拾行李，做了简单的准备。张景良、张维邦、张维端、翟惠昌、张子宏、时得贵六人一行先坐马车到涿县，再从涿县火车站挤上火车到了北平永定门站。华大的报名地点在铁狮子胡同一个大四合院内，中间有座席棚，分口试处、填写登记卡片处等。最有意思也最让人担心的是口试，应考青年排成一条很长的队，要依次回答主考人的各种提问。张景良正忐忑不安时，主考叫到了他的名字，然后问他："你为什么要考华大？""为人民服务！"张景良坚定地回答。主考面带微笑地向他点点头，他紧张跳动的心顿时平静下来，只觉得心窝里热乎乎的。面试完了是笔试，张景良发现这次笔试竟然没有监考，大家都是自觉有序地答卷。考试结束当天，张景良就和同学们返回了新城师范学校，等待入学通知书。

可是等张景良他们回校上课已经一个多月了，还不见华大入学通知，心里非常焦急。一天课间，实在忍不住的六人凑一块儿商量起来，张景良率先说出了自己的想法："我想去北平去看榜。"

"好！"其余五人竟异口同声地应和了。

张维邦是六人中年纪最小的,又是独生子,大家都担心他走后老母亲接受不了。张景良对张维邦说:"我们都是偷偷瞒着学校和家里报考华大的,你们家的情况我们也都知道,你要拿定主意呀!"张维邦看着大家:"我一定要去!"

大家决心已定,当天晚上,几个在师范住宿的同学就简单收拾了行李。第二天天刚蒙蒙亮,预先约定的马车已经停在门口等候了。六人坐上马车,朝着北斗星的方向一直往前走,当马车走出新城北关时,隐隐地听到了从师范校园里传来的清脆钟声。六人的眼眶都红了,鼻子酸酸的,生活、学习了三年多的母校,如今要不辞而别了,为了全国解放,为了未来,六人使劲握了握彼此的手。

到了北平,他们雇了辆人力车,拉着行李来到铁狮子胡同,争着看华北大学已经张榜公布的录取名单。名单很多,已经贴满了院内外的墙壁。大家只能分头去看,突然不知是谁喊了一声:"快来看,这儿有咱们的名字!"大家一拥而上,只见榜上写有张景良、张维端、张维邦、翟惠昌……哈哈,都录取了!

很快,他们就到崇文门附近一个小院报到。工作人员发给每人一套深灰色粗布制服和帽子,再在上衣口袋上方缝上一枚布质胸章,上面印着四个大字:"华北大学"。

到北平的第三天一早,操着不同口音的八九十人坐上一列闷罐车,到了华北大学天津分校。天津分校设在天津特一中学校内,校舍是一幢四层大楼,从北平来的同学

**报考华北大学的学员在争看新生录取榜**

华北大学天津分校举行团员宣誓大会

住一楼,编在 99 班。这一班又编成 12 个学习小组,每组最多 12 人。班上领着大家唱歌的叫温子祥,辽宁人。他教的第一首歌是《拥护共产党》,歌词是:"大家齐歌唱,拥护共产党。共产党她是咱们人民的党,她领导咱们求呀求解放"。在华大上的第一课是"华大介绍",讲的是华北大学历史沿革。这时,张景良才知道北平解放前华北大学在正定县城,离新城县师范学校不到 200 公里。

(根据张景良《劲草——华北大学广西校友回忆录》改编)

第二篇 革命熔炉淬成钢

## 先农坛成了大教室

1949年3月,任均泽报考了华北大学二部(教育学院)师资训练班,录取通知书登载在当时的《人民日报》上。任均泽脱下长袍,换上灰色粗布制服,

1949年秋华北大学二部全体干部合影

胸前戴上了校徽。校徽正面是一面红旗，衬着毛主席题写的"华北大学"四个字，红旗下写着华北大学的校训"忠诚、团结、朴实、虚心"。任均泽感到非常自豪。

任均泽入学时，二部设在先农坛，起初有师训第一班，接着还有师训第二班、师训第三班。任均泽所在的第一班原先叫作自然科学教学训练班，因此，同学们就在本班房舍里写上"自然科学之家"几个大字。这个班的学员可真算是找到"家"了，大家那时是一批热心青年，抱着革命理想和建设新中国的信心，置生死于不顾，突破封锁线奔赴解放区，现在能集合在华大的大家庭里学习生活，每时每刻都像沐浴在早春的阳光里，走路都轻快地哼着歌。班上有不少爱唱歌的，很快任均泽就和同学们学会了解放区的许多歌曲，"解放区的天是明朗的天，解放区的人民好喜欢"。班行政（班主任）胡克英还教大家学会了扭秧歌，不光有"小扭"，还有"大扭"，花样真不少。

先农坛建于明永乐年间，本是明清两代帝王祭祀先农神的场所，民国初年改成了城南公园，除了祭祀所用的坛和神殿，东南角还辟出了一块地做体育场，正适宜用来办学。由于华大学生进驻，先农坛一扫古老寂寥的沉沉暮气，处处洋溢着青春的活力。学校经常邀请文化名人做报告，丁玲、郭沫若等特别受欢迎。丁玲那时刚从东北回到北平筹备全国文代大会，住在东总布胡同22号，同学们都想亲眼看看《太阳照在桑干河上》的作者，兴奋得不得了。任均泽看见丁玲走进会场，同学校的女干部、女学员一样，身着列宁服，留着齐耳短发，很

二部外文系教员与学员们一起讨论问题

精干的样子。丁玲声音洪亮、言辞准确、分析有力,同学们都暗暗佩服,果然是延安出来的女作家,难怪毛主席都夸奖她是"昨天文小姐,今日武将军"。郭沫若的报告是在北大红楼广场,吴玉章校长出席了报告会,报告会场人山人海。郭沫若讲话声音高亢,有时像朗诵诗歌一样,抑扬顿挫、拉长语调,具有很强的鼓动性。

二部师资训练班开设的课程有"社会发展史""中国新民主主义革命史""中国近代史""教育学和时事政策"等。讲课教师有何干之、丁浩川、尚钺、李何林、何洛、蔡仪、谢韬等同志。做大报告的有吴玉章、范文澜、成仿吾、钱俊瑞、艾思奇等同志。华北大学是培养革命干部的学校,校内没有"教授""副教授"这样的称呼,也没有"先生""老师"等称呼,除了对吴玉章、范文澜等同志有时称吴老、范老以外,对教师、干部都称同志,有时也直呼其名。这让任均泽和他的同学们感到很新鲜,也很亲切。大家课下还议论,为什么称吴老、范老,而不称成老呢?可能是因为三位校长中成仿吾最年轻吧,再说,成仿吾自从陕北公学时候就担任校长,对同学们关心爱护是出了名的,早就被称作"成妈妈"了。教材只有学校发的《社会发展史》《五种生产方式》《中国新民主主义革命史》等铅印本,参考书由学员自己找。尚钺讲的"鸦片战争",谢韬讲的"从空想社会主义到科学社会主义",丁浩川讲的"解放区教育",观点、材料新颖,学员们前所未闻,非常感兴趣。教学方式主要是上大课,先农坛的大殿就成了公共教室,同学们坐在马扎上听课。胡华讲"中国革命史"时,他的研究生戴逸和彦奇就分别站在讲台两边的黑板前写板书,因为胡华的浙江奉化口音太重了,同学们听不清楚。同学们看了好笑,叫戴逸和彦奇是"哼哈二将"。别看胡华当时还不到30岁,已经是很有资格的"老教师"了。范文澜校长也是浙江人,每次学校开大会,范校长讲话,许多同学都听不懂,但是有一句话大家都听懂了,就是全心全意为人民服务。学生边听边记笔记,下课后回到学习小组里,大家对照笔记,互相补充、纠正,作为学习、讨论的依据。

华北大学的学员、教师和干部都是供给制。简单的衣、食、住、行，学校基本上都包下来了。大家生活是简朴的，任均泽是学员，每月折合发 6 斤小米的零用钱，干部、教师也多不了几斤小米。平时吃小米干饭、素菜，节假日吃白面馒头、猪肉烩菜；后来条件好了，星期日吃的是高粱米干饭和西红柿、土豆、牛肉、粉皮、洋葱烩菜，常常吃不完。睡的大多是地铺。但吃得饱、睡得足，心情舒畅，同学们身体都很好，用成校长的话说是"红红胖胖"。在先农坛学习和生活，古老的殿堂、广阔的视野、林茂路净、鸟儿鸣唱，是校外人员求之不得的。

经过六个月的学习，任均泽毕业了，他和一大批同学一起响应党的号召报名南下，到新设的平原省（省会在新乡）工作。学员们分成许多小分队，一起上路，任均泽是十分队的负责人。张腾霄送任均泽和同学们到北平前门车站。在站台上，张腾霄交给任均泽 80 多元钱，说这是给小分队路上用的，并嘱咐他说："路上该吃就吃，该花就花，剩下的钱交给当地人民政府。"任均泽揣着 80 多元"派遣费"和毕业证书上了火车。一路上，经过泰山、郑州，离北平越来越远了。别了，先农坛；别了，华大。平原沃野正是收获时节，更广阔的世界就在眼前，任均泽和同学们倚在车窗边，情不自禁地唱起了《华北大学校歌》："华北雄壮美丽的河山，是我们民族发祥的地方……"

## "尚师房"的灯光

1949年1月31日，北平和平解放，华北大学各部陆续迁入北平，继续办学，招生规模不断扩大。10月，时任华北大学二部史地系主任的尚钺搬进铁狮子胡同一号，和学生们住在同一栋楼的二层，朝夕相处。尚钺异常勤勉，在全大院里天天最晚熄灯，往往学生们已经睡了一觉，醒来还看见他屋里的灯仍然亮着。有位同学感怀于尚钺的辛劳，模仿《静夜思》即兴写打油诗一首："屋里传来光，发自尚师房。睁眼望灯影，闭眼思课堂。"

尚钺住的是三间朝北的大房子，东边两间堆得满满的全是书。西边一间靠窗的一面放了一张三屉桌、一张木质靠背椅，紧靠西墙是一张硬板床，两床布被叠得整齐，床上铺的是蓝白相间的土布床单。地上放着一个马扎，他外出开会、看演出或参加学生的讨论会，经常带着它。1950年，中

尚钺

国人民大学成立，尚钺任历史教研室副主任、主任，并任中国科学院哲学社会科学部历史研究所学部委员。这期间，他除了讲授中国历史等课程外，还编写了 100 余万字的《中国通史讲义》，写了许多学术论文和专著。1954 年，尚钺主编的《中国历史纲要》由人民出版社出版。尚钺力求以马克思主义史学观点阐明问题，坚持独立见解，认为"一个优秀的历史学家，应该能辨别历史发展的方向，他所争的不是一时之是非，而是万世之是非；所追求的不是一时的荣显，而是客观的真理"。

尚钺的书房，总是吸引很多学生。1949 年尚钺刚搬进去时，已是 10 月下旬，天气冷，屋里也没有生火，他就在这朴素的房子里学习、工作、写作，指导学生。学生们感到冷了，就和尚钺一起搓搓手、跺跺脚。尚钺怕学生们被冻着，大家就回答"天气冷，但心里热"，于是，师生一起欢快地笑了，很快又热烈地探讨起了问题。尚钺爱护学生，学生也关心尚钺，总想帮他干点儿什么。有一次，一个女同学硬提着他的铁皮壶去打水，他急了，忙不迭地喊"放diǎ！"学生们都哄笑了，都明白尚钺老师说的是河南土话，diǎ 是"地下"二字的合音。就是在这间书房里，同学们理解了尚钺是著名的历史学家，也是无畏的共产主义战士，更是一位在乱世中引导年轻人由混沌走向光明的人生导师。

尚钺青年时期就积极投身五四运动，是河南学生运动的主要负责人之一。1921 年，他考入燕京大学英国文学系后，即追随鲁迅从事文学创作活动，积极宣传新思想、新文化，为《莽原》周刊撰稿，参与创办《狂飙》等进步文学期刊，创作小说《斧背》《病》，以犀利的笔锋触及社会的最底层。后在中共北方负责人李大钊的鼓励下，尚钺回到家乡豫南农村开展革命活动。1928 年春节，根据豫南特委的决定，尚钺在罗山县准备组织暴动，以支持河南的革命主力。暴动计划败露，尚钺两次被捕入狱，出狱后就踏上了逃亡的道路，辗转在吉林、黑龙江、上海、北平、宁夏、武汉、云南各地，一边以教书为生，一边从事革命活动。在艰苦的斗争环境中，他几次与党组织意外失联，只能以尚健庵之名示人，颠沛流离。在吉林毓文中学，尚钺为学生讲授高尔基、鲁迅等进步作家的作品，开设"反对帝国主义"专题课。当时有一位叫金成柱的朝鲜族学生，得到尚钺很多指点，对马列主义有了系统而深刻的理解，他就是后来朝鲜的领导人金日成同志。尚钺可以说是金日成的马列主义启蒙老师。

后来尚钺虽然因反对教育厅无理开除学生而被撤职，却被学生视为"一辈子时刻缅怀的老师"。在宁夏中卫中学，尚钺一面写小说，一面在学生中组织秘密团体，让学生接触《大众生活》《全民抗战》《中国的西北角》等进步书刊，还以学生读书会的名义，自己垫款从平、津、沪一带设法邮购了《呐喊》《彷徨》《野草》等书籍供学生阅读，启发学生的思想觉悟，介绍学生到陕北抗日军政大学学习。1937年3月，在离开中卫中学前，尚钺与12位学生合影留念，并在照片上题字："青年的弟兄们，我们的道路只有审思、明辨而不挠地前进！"不论人生际遇如何起落，尚钺从不曾放弃教师身份，教育引导学生追求真理、投奔光明，直到1946年进入解放区，相继在山东大学、北方大学、华北大学任教。

"尚师房"的灯光成为照耀在同学们心中的一盏明灯，尚钺就是执灯的引路人。

迎接新时代的曙光
——华北大学

## 临危受命护《金藏》

1946年的秋天，正在随学校西迁的北方大学历史系教师张文教，在行进到河北涉县时，突然接到通知，说是校长范文澜找他，要他立即过去。范文澜一见面就严肃地说，要交给他一项艰巨的任务，只能由他去完成。在场的图书馆主任尹达向张老师做了详细介绍——救护稀世国宝《赵城金藏》。张文教越听越感到担子的确太沉重。

说起《赵城金藏》，有着太多太多的故事。它是由民女崔法珍在山西、陕西部分地区断臂化缘，募资所刻的汉文大藏经，成书于金大定十三年即公元1173年，共有6 980卷，6 000多万字。刻印完毕后一直被供养在赵城县广胜寺，直到1933年才被人发现，重见天日，故名《赵城金藏》。但发现时已多有散失，仅余5 000多卷。抗日战争时期，因日寇觊觎这一宝藏，朱总司令亲自下令组织部队，从日寇的眼皮底下把宝藏抢救出来。在其后的四年时间里，宝藏与太岳区军民一起，为躲避日寇"扫荡"，历经四次转运，最后存放在棉上县一座小煤窑中达三年之久。抗战胜利后的1946年，晋冀鲁豫边区政府决定，将《赵城金藏》交在邢台办学的北方大学负责保管。

校长范文澜是著名的历史学家，他深知《赵城金藏》的巨大价值，遂将保管任务交给学校图书馆，并要求尹达组织鉴定，专人专室保管，不能有任何散失。

为应对可能到来的残酷局面，尹达请示范文澜后，特意做了 42 个大木箱，将 4 000 多卷经卷装了起来，既便于保管，也便于转移。还有一些经卷未能装入木箱，也都用包袱包裹起来。

果然不出所料，不久国民党军队就沿着平汉线开始向解放区进犯。北方大学根据边区政府的指示，由河北邢台向山西潞城转移。《赵城金藏》也随着师生，再一次踏上了迁移的路途。一路上，尹达安排专人严加守护，无论昼夜都一刻不离，确保人在《赵城金藏》在。形势稍稍安定下来后，尹达向范文澜建议，选择合适的地方将《赵城金藏》暂存，并推荐由历史系教师张文教负责保护。

经与地方政府联系，学校将《赵城金藏》运到涉县下温村天主教堂（原为太行边区领导机关礼堂）暂存，交由张文教保护。张文教暗下决心：即便牺牲自己的生命，也要保护好这批宝藏。

经过检查，张文教发现许多经卷已经严重受潮发霉，甚至结块，大片大片的笔迹已难以辨认，还有很多经卷因在渡河时浸水，满布水洇的痕迹。张文教感到无比痛心，就好像一件期待已久的瓷器突然间在自己眼前碎裂一样。

保护的首要任务是为《赵城金藏》脱潮。以张文教的经验，直接在阳光下曝晒虽然是最简单的办法，但《赵城金藏》已经 700 多年了，十分脆弱，曝晒无疑会毁掉这批珍宝。而现在是深秋，放在房中阴干又过于缓慢。时局依然动荡，保不准哪天还要转移，必须尽快完成脱潮。怎么办？张文教冥思苦想，忽然，他看到室内的暖炕，有了主意："对，就用这现成的火炕，来烘干经卷。"

由于人手不够，张文教亲自到数十里外的地方，一担担挑来木柴，开始了烘干工作。可刚刚开始，他就发现，木柴火焰太急，土炕温度过高，容易烤坏经书。怎么办？房东建议他用锯末试试。果然，点燃的锯末只会阴燃，火坑一直保持着较为适宜的温度，试验大获成功。张文教在老乡的帮助下，找来了不少锯末，夜以继日，赶着做脱潮的工作。

日复一日，一卷卷的经书就这样被张文教烤干了。接下来，要为《赵城金藏》找个新家。张文教走街串巷、四处寻访，终于在附近的长乐村找到一户人家的小阁楼，那里通风良好，环境干燥，又比较隐蔽，是个藏宝的好地方。很快，张文教就将《赵城金藏》安全转移到了这个小阁楼里。为了防止再次受潮，张文教决定给《赵城金藏》穿上贴身的"衣服"——把每一件经卷都用棉纸包起来。

然而，在战争年代，棉纸却不是随手可得的材料。好在上级支持他的工作，联系到报社可以提供棉纸，但需要他自己去挑来。天刚蒙蒙亮，张文教就起床，赶了几十里的路来到报社，精挑细选足量的棉纸，喜滋滋地就往回挑。远路无轻载，肩上的担子越来越重，压得他步履艰难，越走越慢，天快黑了，还没回到村里。他心想着再黑一些更不好行路，咬咬牙加紧了脚步。谁知，当他走到漳水河的河滩时，突然遇到了几只饿狼。群狼渐渐朝他逼近，不时发出一两声凄厉的狼嗥，让人胆战心惊。虽然他心中极为害怕，但怎么也舍不得丢下辛苦得来的棉纸，只能仗着胆子与狼群周旋，好不容易才脱离了险境。当他挑着担子跑到房东家门口时，神经刚刚松弛下来，突然感到天旋地转，一下倒在地上大口大口地吐起了血，动弹不得。长期的劳累加上过度的惊吓，使他的肺病一下复发了。组织上听到他的情况，及时将他送到后方医院诊治，他才保住了性命。《赵城金藏》也暂由行署负责保管，直到他病愈归来，重又担负起保管《赵城金藏》的重任。

北平和平解放后，华北局决定将《赵城金藏》运至北平图书馆入藏，并电令张文教负责护送。在华北大学图书馆副主任程德清等人的帮助下，张文教将《赵城金藏》先用毛驴驮到涉县火车站，然后从涉县装火车运到邯郸，再换汽车到北平。一路颠簸，经过7天的千里跋涉，于1949年4月30日顺利到达北平，转交给北平图书馆（现国家图书馆）保存。此时此刻，张文教才真正放下了心。

## 华大三团与《红旗歌》

1949年1月31日，北平宣告和平解放。华北大学文工一团和二团的同志们，紧随着解放军进入北平，活跃在北平的文艺舞台上，为古老的北平城带来解放区革命文艺的清新空气，引起广泛反响。其中，华大一团主要由解放区的老同志组成，有王昆、郭兰英、牧虹、吴坚等著名文艺工作者，他们演出的新歌剧《白毛女》脍炙人口。华大二团则是由战斗在国统区的演剧二队及祖国剧团的老演员们组成，有蓝天野、苏民、胡宗温等，他们的代表作是表现北平学生活动的话剧《民主青年进行曲》。

这时的华北三团，正按吴玉章校长的指示，在石家庄的大兴纱厂体验生活。华大三团成立于1948年12月北平围城之时，当时华大一团、二团已奔赴平津，老校长吴玉章看到迅猛发展的革命形势，明确地提出："为了配合学校的教学工作，还需要组建一个文工团。"这样，华北大学第三文工团便应运而生了。

三团成立前，华大三部的三位创作员鲁煤、陈淼、辛大明在大兴纱厂深入生活，写出了一个表现落后女工转变的文学作品初稿。成仿吾副校长看后，同意光未然的意见，认为作品基础很好，可以改编成话剧，并把这个任务交给三

《红旗歌》剧照

团,由李超团长和刘沧浪、陈怀皑、刘木铎组成创作小组,和原作者一道进行改编,并将作品定名为《红旗歌》。同时,把三团的全体同志都拉到大兴纱厂体验生活,大家与工人同吃同住同劳动,学挡车、学接头、学络纱,还到工人家去拜访,同工人交朋友,征求工人对作品的意见。就这样,三团全体人员共同努力,改写好一幕就排练一幕,排练中发现问题就再到生活中去请教、去修改,终于在1949年3月份初步完成了话剧《红旗歌》的创作。接着,就在石家庄进行试演并听取意见,然后回到正定向华大校领导、教师和学员进行了汇报演出。在广泛征询意见后,三团全体人员再次返回大兴纱厂做进一步的修改。

在三团第二次到大兴纱厂进行修改时,恰好中宣部周扬去北平筹备全国第一届文代会路经石家庄,同志们为他演出了《红旗歌》。周扬高度评价了这次演出,特别赞扬演职员深入纱厂体验生活的做法。周扬根据延安文艺座谈会精神,向大家讲述了体验生活的重要性,要求大家老老实实拜工人为师,交知心朋友,了解体验他们的喜怒哀乐,且要学会生产技术,成为一名合格的纺织工人,这样才能在演出中真正代表工人的形象。他说:"《红旗歌》是解放区文艺作品中唯一一部写我国产业工人的戏。过去我们有表现农民的和战士的作品,但是没有表现工人的。延安文艺整风以前,解放区也演出过话剧,可是演的是外国的,如《带枪的人》《前线》《大雷雨》等,另外还有曹禺的《日出》《雷雨》等。后来演出的基本上都是歌剧、秧歌剧。现在你们创作了《红旗歌》,非常好。"周扬对《红旗歌》寄予了很大的希望,希望能排练得更好,进北平参加第一届全国文代会的演出，夺取文化阵地。他还严肃地指出，上演此剧有深刻的现实和历史意义，"现在革命由农村转入城市，摆在面前的问题是如何依靠工人阶级。这个戏要给干部以启迪"。他还说："戏剧是要刻画人物的，要光靠说教不行。你们到艺术源泉中去体验吧，全身心地下到生活中去，要把体验到的一切化在自己身上、心上。只许成功，不许失败。"周扬风趣地说："我先走一步，给你们打前站，咱们在北平胜利会师！"周扬的鼓励，极大地激发了大家排好《红旗歌》的信心，大家全心全意地投入新的战斗任务中，《红旗歌》日臻完美。

1949年4月22日，三团全体同志终于迎来了激动人心的一刻。李超团长、许可成宣布了行军纪律及入城注意事项。全团乘坐一辆大闷罐车，于23日晨出发，经正定、过德州，于25日晚8时许到了北平的前门火车站，正式进入北平，准备开始汇报演出。到北平后，大家顾不上旅途的劳累，立即开始了紧张的排练和装台，做好了一切准备工作。

5月15日，王府井霞公府铁路礼堂，参加全国文代会的代表们济济一堂，共同来观看华大三团为全国文代会准备的专场献礼演出。当大幕在主题歌中徐徐开启时，台下立即响起了热烈的掌声，让参加演出的每一个同志都感受到了代表们的热情和鼓励。大家都全力投入，精彩的演出赢得了一阵阵掌声。特别是台上台下热烈的互动，消除了演员临场的紧张，大家戏演得不仅流畅，而且出现了许多即兴发挥，演出效果好得出奇。当大幕落下时，满场的掌声一浪高过一浪。全体演职人员都来到台前，再三谢幕，并与全场观众一起唱起了《解放区的天》，洪亮的歌声抒发着大家对新中国无限美好的新生活的向往。

由于演出的极大成功，文代会闭幕会餐时，特意把剧组全体人员邀进中南海怀仁堂。席间，周恩来由周扬、光未然陪同来到演员们中间，他说："同志们辛苦了！你们演出很成功嘛！戏演得好，饭也要吃好。"周总理的表扬，让演员们无比激动，大家一拥而上争着与周总理握手，并齐声唱起了《你是灯塔》。

《红旗歌》演职员合影

在北京公演后,三团到天津下厂巡演。接着,又到工人比较集中的上海连演140多场。在上海演出期间,上海文艺界许多著名艺术家如上官云珠、黄宗英等近百名演员参加了演出工作,被称为上海文艺工作者学习毛主席《在延安文艺座谈会上的讲话》的第一次实践。随后,《红旗歌》几乎演遍全国,所到之处,观众踊跃,曾出现过3小时内40场戏票全部售罄的空前纪录。

《红旗歌》作为新中国第一部反映产业工人的话剧,轰动了大江南北。上海、济南、山西等各地的剧团都争先恐后地排演了这个戏。后来《红旗歌》还被改编成电影在全国放映,成为建国初期新中国剧坛的一件盛事。

## 《白毛女》北平首演记

"北风那个吹,雪花那个飘,雪花那个飘飘,年来到。"1949 年 2 月 16 日,北平人民大舞台——西长安街国民大戏院(现为首都电影院),正上演着由华北大学文工团排演的歌剧《白毛女》。

这是一场特殊的演出,台下的观众,全部是傅作义起义部队的军官。为什么有这场演出,还得从北平和平解放说起。

天津解放后,在人民解放军的强大攻势下,傅作义终于放弃幻想,与解放军达成《关于北平和平解决问题的协议书》,同意全部部队撤出北平,接受解放军改编。为迎接北平解放,华北大学早早就派出文工团,奔赴平津前线,开展慰问宣传等活动。2 月 12 日,文工团接到了北平军管会下属文管会的指示,要求文工团配合解放军对傅作义部队的改编,为起义部队军官演出歌剧《白毛女》。这是《白毛女》进入北平后的首场演出,观众又极其特殊,真可谓"时间紧、任务急"。文工团的同志们意识到,这个任务意义重大,非比寻常。

诞生于 1945 年的歌剧《白毛女》,是在秧歌剧基础上创作的新歌剧。1945 年春,为了迎接党的第七次全国代表大会,《白毛女》进行首场演出。第一代《白毛女》的演员阵容非常强大,首演就受到毛泽东、周恩来和其他领导同志以及代表们的一致称赞。该剧一经问世，便风行边区各地。剧中《北风吹》的唱段，更是传遍了解放区的集镇乡村，几乎人人都会唱。《白毛女》一直是华北联合大学、华北大学文工团的保留剧目。

这次在北平给傅作义起义部队军官演出的《白毛女》，在原来的基础上做了重新编排。同时，在大剧场演出，不仅景片增多，还有平台、高台，对整个演出的调度与处理提出了更高的要求。对如何做好演出，大家进行了热烈的讨论，决定继续保持延安时代的原有风格特点，既运用斯坦尼斯拉夫斯基的表演体系，同时又结合我国民族戏曲传统表现手法，使《白毛女》无论从内容到形式，还是从生活到艺术，都比较深刻完美地统一表现出来；另一方面，也要适应大剧场、大舞台的特点，群众演员要增多，音乐上也要做大的调整，群众大合唱加重了混声，还要增加领唱、重唱，力争更好地发挥舞台艺术的剧场效果。在角色扮演上，为减轻演员负担，又便于彼此取长补短，相互学习，喜儿仍由王昆扮演，又增补了孟于和郭兰英；前民、牧虹扮演杨白劳；黄世仁由吴坚扮演：组织了最强的演员阵容。

演员们的精彩表演，把歌剧艺术的魅力发挥得淋漓尽致，人

《白毛女》剧照

物命运的变化直接感染着观众,冲击着这些旧军官的心灵。渐渐地,观众产生了共鸣,当戏演到第一幕第四场,杨白劳喝卤水身亡,穆仁智强拉喜儿去抵债时,观众席中一片唏嘘声,有人用手帕擦眼泪,有人压低声音抽泣,整个剧场沉浸在悲愤的氛围中。

艺术的震撼力有如千军万马。华大文工团的演出,征服了傅作义的将领们。大幕落下,全场响起雷鸣般的掌声,一阵紧似一阵。演员们连续多次谢幕,心中曾经的忐忑被演出成功的喜悦所代替,每个人在极度兴奋的同时,都暗下决心,要全身心地投入下阶段更紧张的演出中去。

出席这次晚会的还有邵力子(国民党和谈代表团成员),他看过戏后回招待所时夜已很深,但精彩的演出使他久久不能成寐,连连称赞《白毛女》是一出最好的戏。整个演出结束已是深夜,戏院门前还有许多观众在等待着和演员们见面,其中有从西郊赶来的大学生,有清华的,也有北大的……他们一再询问什么时候公演,得知准确的演出时间后,才满意地离去。

随后,《白毛女》在北平公演了数十场,观众非常踊跃,场场爆满,座无虚席。歌剧《白毛女》在延安诞生,从解放区走到北平大舞台,后来又走向世界舞台,以它独特的艺术魅力,感染、激励着一代代人走向革命的道路,成为革命艺术的一面旗帜。

## 《人民胜利万岁》大歌舞

北平宣告和平解放后，北京大学中文系的董锡玖跟随北大党团组织和"民间歌舞社"，一起教群众扭秧歌，学唱解放区歌曲。顺道，还观看了华北大学文工一团秧歌队在街头的表演。没承想，这场街头表演让董锡玖深受震撼，她实在想不到，演员们是怎么让双足这么准确地踩着鼓点的；大家又是怎样地不知疲倦，不停地跳啊跳啊，好像有使不完的劲，引得围观的群众也都跃跃欲试。她被秧歌队"鲤鱼大翻身"的精彩动作和"嘿嘿"的呼喊声所感染，情不自禁地想要加入其中。

回到学校，董锡玖就向北京大学团组织提出，毕业后不参加分配而到华大三部舞蹈队去，并很快得到了批准。

7月，董锡玖如愿进了华大三部，穿上了二尺半的灰制服，成为华大舞蹈队的一员，过上了严格的集体生活。而更让她兴奋的是，

《人民胜利万岁》大歌舞说明书

第二篇 革命熔炉淬成钢

从1948年以来教她舞蹈的老师、著名的舞蹈家戴爱莲,此时也来到了华北大学,担任舞蹈队的队长。再次见到老师,董锡玖感到格外亲切和激动,她暗下决心,一定要努力排练,决不辜负老师的教诲。

此时,舞蹈队的任务是赶排《人民胜利万岁》大歌舞。先来的同学们告诉董锡玖,这是为新政治协商会议准备的节目,是政协筹备委员会派人携带专函找光未然副主任沟通好确定下来的,要求要体现各民族各阶层的大团结,气氛要热烈欢快。

这次排练,三部的人员全体都出动了,以文工一团为主,加上音乐科、戏剧科、舞蹈队的教员和部分学员。从7月到9月,董锡玖和华大的同学们一起协助胡沙老师(著名戏剧剧作家、导演、理论家)、戴爱莲老师进行紧张的词曲创作、舞蹈排练和合成演练。大家都知道,这个节目是演给毛主席、演给党中央、演

华北大学第一文工团——花鼓舞

华北大学第一文工团——战鼓

给全国人民看的，是一个重大的政治任务，每一个人都为能参加这样重大的活动而激动，夜以继日、不知劳累，对每一个动作、每一句台词都精雕细刻、精益求精，使得节目日渐丰满、不断完善，顺利通过了评审。

9月26日和10月2日，《人民胜利万岁》大歌舞先后两次在中南海怀仁堂演出，大获成功，得到毛主席、朱总司令和观看演出的嘉宾的高度评价。

董锡玖对这两次演出记忆犹新，甚至还能背出光未然老师为演出编写的《幕前献词》："人民政治协商会议开幕了，新中国诞生了，全国人民欢欣鼓舞。我们为了祝贺人民解放战争和人民革命的伟大胜利，迎接中华人民共和国的诞生，表现人民胜利的愉快和建设新国家的坚强信心，特编排了这部《人民胜利万岁》大歌舞。"

开国大典后的那次演出，毛泽东和朱德都到场观看。演出以《战鼓》开场，激越昂扬的鼓点充分展示了人民共和国开国的磅礴气势，摄人心魄。接下来的两个节目是儿童歌舞《荷花灯》和题材取自陕北与安徽民间花鼓的《花

《人民胜利万岁》大歌舞全体演职人员合影

鼓舞》，欢快的旋律反映了人民获得解放的喜悦。当天晚上演出的第一个高潮是《献花舞》，柯平手捧花束唱道："献给领袖毛主席"，众和："这一朵花儿献给他，献给他，青枝绿叶大红花、大红花、大红花、大红花"。因为毛主席就坐在台下，观众立刻掌声雷动。接着，化群也手捧花束，唱道："献给朱德总司令"，众和："这一朵花儿献给他，献给他，青枝绿叶大红花、大红花、大红花、大红花"。台下又是一片掌声。这种台上台下热烈的互动是没有提前安排的，观众们的掌声与欢呼，既是因为被节目内容感染，更是源于发自内心的对毛主席、朱总司令的热爱。下面的《进军舞》，是华大秋耕同学和6位解放军战士共舞，展现了人民解放军勇往直前、势不可当的形象。而《四姐妹夸夫》是当时大家都喜闻乐见的小型秧歌剧，看得台下观众都想上去和演员们一起扭起来。《腰鼓》的演员是来自腰鼓故乡陕北安塞的老乡，他们打得很有气势，大开大合中，把黄土高原的博大与热烈表现得淋漓尽致，让在场的每一个人都心潮澎湃。大歌舞的最后，是表现各族人民大团结的民族舞蹈，由戴爱莲根据在民族地区的采风编排而成，作曲是音乐家李群。大歌舞的尾声是工农兵学商一起上场，高唱《在毛泽东的旗帜下我们胜利向前进》，整个怀仁堂欢乐的气氛到达了顶点。

演出结束后，演员们看到毛主席出现在了大家面前，都一时愣神了。还是谭嗣颖机灵地冲上去握住了毛主席的手，回过神来的董锡玖也赶忙上前站到了毛主席身边，大家也都围到主席身边，一边抢着和毛主席握手，一边又唱起来："在毛泽东的旗帜下我们胜利向前进"。全场所有的人员都起立，热烈地鼓掌，并和着台上的演员一起歌唱，场上的气氛又一次达到高潮。

从1949年10月开始，《人民胜利万岁》大歌舞在京、津地区公演了数十场，直到同年12月学员毕业分配工作不能再继续演出为止。

（根据董锡玖《人民胜利万岁响彻中南海——开国大典演出回忆》改编）

迎接新时代的曙光
——华北大学

## 新政协会议筹备工作琐忆

出席全国政协的教育界代表合影,前排左三为成仿吾

1949年1月,在"打到南京去,活捉蒋介石"的口号中,华北大学的同学们正在欢度春节。学生沙里正兴高采烈地和秧歌队的同学们一起,扭着欢快的大秧歌,沿着正定古老的城墙向着西门进发。一听说成仿吾校长找他,顾不上跟队友打招呼,他就赶紧往学校跑。

成仿吾副校长的办公室已经坐着好几位同学,看到沙里进来,成校长示意他坐下后,以愉快的声调说:"现在北平马上要解放了,组织上决定派你们回北平,向中央统战部报到,参加筹备新政协的工作。你们回去准备一下,马上出发。"听到这个消息,几位青年的眼睛亮了起来,都迫不及待地要投身到新中国的建设工作中去。于是,当天下午,沙里和同学们就赶到了石家庄,在申伯纯同志的带领下向北平进发。他们抵达城外时才得知,北平和平解放协议虽已达成，但还不能入城。一行人只好在前门外打磨厂的一家小客店住下，等待入城仪式开始。

这一天终于到来了。2月3日，人民解放军进入北平，整个北平城万众欢腾，人们纷纷拥上大街，欢迎解放军的到来。申伯纯来到东交民巷，从叶剑英处接受了中央给统战部的任务：一是接收中南海；二是接收北京饭店和六国饭店；三是接收国民党励志社华北区分部，为新政协的召开做好准备工作。励志社在北平有几处颇大的物资仓库和若干高级招待所。沙里被北平军管会任命为励志社接收小组的组长。沙里一行二十来人接到任务后，在前门外加入了入城队伍，穿过五牌楼、前门、天安门，从新华门进入中南海。队伍行进了整整一天，当天晚上，沙里和同志们只在居仁堂的沙发上临时休息了一下。

**第一届政协会议会场外部**

接上级通知，新政治协商会议地点由哈尔滨改到解放后的北平。进城后不久，沙里又被安排在中央统战部"交际处"工作，负责接待应邀前来参加新政协的代表。"交际处"设在南池子南口的怡园饭店，划归中央统战部管理。

接待任务十分繁忙。沙里和同志们接待了在中共"五一号召"发布后来到东北和华北解放区的民主人士及其家属，以及渡江战役和南京解放后，从香港和海外回来的知名知识分子和留学生。一批批民主人士响应中共中央的号召，怀着共建人民新中国的梦想，络绎不绝地来到北平。原定的接待饭店很快就满员了，只好又增加了永安饭店、惠中饭店、远东饭店和西单饭店4家饭店。

"群贤毕至、高朋满座",这是沙里对新政协接待工作的最大感触。"真是亏了各地交际处的提前工作,没有这一年的提前输送工作,北平的接待工作不会这么顺利。"在这次接待中,他终于亲眼见到了许多过去只在报纸上和同学们口中出现的名人:沈钧儒、谭平山、蔡廷锴、章乃器、郭沫若、马叙伦、许广平、王昆仑、李济深、沈雁冰、彭泽民、黄炎培、胡愈之、吴晗、周新民、周建人、田汉……还有很多知名人士,他都是第一次见到。

6月15日,新政治协商会议筹备会在中南海怀仁堂开幕。参加筹备会的有民主党派、社会团体、民族、华侨等各界代表134人,会议历时5天。因新政协的筹备工作,沙里很久没有回学校了,会议期间,他很兴奋地见到吴玉章校

第一届政协会议会场内部

长也参加了这次筹备会,想向老校长汇报自己的工作,但大家都工作繁忙,只是打了招呼,没有时间详谈。

9月21日晚7点,中国人民政治协商会议在中南海怀仁堂开幕。新政协会议的代表有662人,各民主党派和无党派人士、少数民族和各国华侨等均有代表,70多岁的吴玉章校长带领华北大学的正式代表8人、候补代表1人参加了这次会议。会场里灯火通明,人民政协的徽章高悬在主席台上方,主席台前摆满鲜花和松柏,台上悬挂着孙中山和毛泽东的画像,两侧是中国人民解放军的四面军旗,显得热烈而庄重。

"毛主席来了!""毛主席来了!"看到毛主席健步走上主席台,在场人员都站起来,热烈的掌声和欢呼声响彻会场。毛主席庄严宣布:"全国人民所渴望的政治协商会议现在开幕了!"顷刻间军乐齐鸣,会场外鸣起54响礼炮,全场起立,大家激动地鼓掌长达五分钟之久。

9月30日的会议通过了一系列的重大决议,会议一直持续到晚上9点才结束。会后,代表们和全体工作人员一起到北京饭店代表们的寓所聚餐。沙里很兴奋地参加了这次"千人聚餐"。这是第一届政协的第一餐,席间,毛主席也破例,有敬必饮。夜阑人静,墙上的时针已指向凌晨时分,大家却没有睡意。沙里躺在床上,双手枕着头,眼里满满的都是对第二天开国大典的热切期待。

(根据沙里《新政协召开前后琐忆》改编)

迎接新时代的曙光
——华北大学

## 不爱红装爱武装

北方大学文教学院师生合影

　　1945年10月，国民党将领高树勋率部在邯郸前线起义。1946年，高树勋加入中国共产党。这一年春夏之交，高树勋给女儿高继芳写了一封介绍信，让她到北方大学找范文澜，要求入学。

　　范文澜收下了将门小姐高继芳，但是对她提出了一个要求："你这衣服得换一下，才能到班里和同学一起学习。"高继芳当时穿着一身浅蓝色的旗袍，剪裁合体，脚蹬皮鞋，配高筒丝袜，精致而优雅，可是和学校里身着土布军装的同学们一起却显得格格不入，更没法适应紧张艰苦的学校生活。高继芳当即表示，马上就换。因为她知道，从踏入北方大学的这一刻起，她已经不是过去那个娇生惯养的将门千金了,既然选择了革命的道路,就要和同学们打成一片。

  高继芳在文教学院学习,她的室友有刘伯承的女儿,虽然同学们的出身和来历各不相同,但都在决定国家命运的关键时刻,选择了跟着共产党走的正确道路。此时正值全面内战爆发,国民党大举进攻解放区,形势非常紧张。高继芳所在的文教学院为此组织了关于形势问题的讨论,其中心议题是战争胜负的决定因素究竟是武器还是人心向背。讨论会的环境宽松,大家都畅所欲言,争论得很激烈。高继芳虽然身份有些特殊,也积极参与了这次讨论。理不辩不明,大家从中国共产党从弱小到强大、领导人民不断取得新胜利的光辉历程,最终得出了战争胜负的决定因素是人心而非武器的结论。得民心者得天下,国民党发动内战不得人心,而共产党站在人民立场上,必将会取得最终的胜利。

北方大学文教学院学员春耕中帮助农民送肥

迎接新时代的曙光
——华北大学

这次讨论，使得高继芳受到了一次深刻的思想洗礼，她对中国共产党和中国革命的认识都更加明晰了。

1946年冬，由于国民党反动派对边区的进攻加紧，北方大学从河北邢台搬到了山西潞城的高家庄。在这一时期，学校的生活非常艰苦，日常饭食主要是小米与土豆，而饭后锅底剩下的锅巴则非常受欢迎，常常遭大家哄抢。高继芳也不例外，与同学们津津有味地吃着锅巴，还戏称之为"吃饼干"。特殊时期，学校在学习之余开展大生产活动，开荒种菜，自食其力，女同学们则置办纺车纺织棉花。高继芳不甘人后，很快也跟老乡学会了纺线。当一条条棉花，伴着纺车吱吱呀呀的声音，在自己的手中纺成一团团棉线时，劳动的自豪感在高继芳心中油然而生。质朴和坚韧的高继芳，已经让人刮目相看了。

高继芳在北方大学最亲近的便是范文澜校长。这位亲切的毫无架子的校长，是北方大学的精神领袖，慈爱亲切，平易近人，学问上令人敬佩，品格上也使人敬仰，实事求是，敢于自我批评。由于高继芳不寻常的身份，有时难免受到一些同学的误解，甚至质疑，而范文澜对她始终关怀备至，给予她最大的包容和肯定，逢年过节常叫她到家中吃饭，并在学校的大会上对高继芳进行肯定和表扬。范文澜的支持与信任，让高继芳深受感动，校长的言行品格深深影响着她成长的道路，激励她以校长为榜样，严格要求自己，不管经历怎样的波折，都坚定不移地抱有革命的信念。

1949年，高继芳大学毕业，历经北方大学这个革命大熔炉的熔炼，她从外至内都完成了蜕变。入校时那个穿着旗袍和皮鞋的娇羞的小姑娘，在毕业典礼上穿着军装，和同学们一起畅想着未来，朴实热情，英气勃勃。

## "我第一个打开了天安门城楼"

开国大典前夕,曾在华北大学任教的青年诗人牛汉,这时在北京军管委的领导下,也在为开国大典的准备工作忙碌着。9月22日,牛汉接到通知,要他带着二三十个青年学生前往天安门打扫城楼。同时参加这项工作的还有北京市公安局和工兵部队的同志。

来到天安门城楼,只见楼门紧锁。大家都没有钥匙。看着已经锈蚀的大锁,牛汉尝试着用手去扭动,竟然很轻松地就扭开了。看来已经有太长时间没有人来过天安门城楼了。

走进楼门,里边黑黢黢的。忽然,从各个旮旯里噼里啪啦地飞起一些麻雀、鸽子,向外飞去,把大家吓了一跳。想着明、清两朝五百年间,天安门都是国家举行重大庆典的重要场所,是封建等级制的形象体现,今天却沦落成雀鸟们的安身之地,大家不免有些唏嘘;同时,看着回到人民手中的天安门城楼,也油然而生"换了人间"的豪情。

牛汉上上下下把天安门城楼都走了一遍,安排大家清扫的清扫、除草的除草,开始了清理工作。由于多年没人管理,天安门上面的草长得很多,根也扎得很深,很难清理。大家想尽了办法,用手拔,用刺刀撬,不少人手都流血了，但没有一个人停下来。想着能为新中国的开国大典出一分力，大家都有使不完的劲。

天黑了，清理工作还远远没有完成。吃过晚饭，牛汉又指挥大家点亮了汽灯挑灯夜战。暗夜里，天安门城楼的汽灯显得格外耀眼，照亮了大家忙碌的身影。大家整整又干了一夜，直到第二天的天亮，才算完成了任务。虽然一个个灰头土脸、累得不行，但看着清理出来的十几大箩筐的杂草、尘土和垃圾，看着焕然一新的天安门城楼，大家的心里却感到非常高兴。

"1949年10月1日，开国大典那天，一早我就奉命到北京市公安局去，还带了几个学生。市公安局临时组成几个纠察队，我任其中一个纠察队的队长。后来有远处来的工人、农民陆续到达。我就站在天安门前中间的位置，负责维持秩序。大约中午过后，开国大典才开始，有受检阅的海陆空部队和几十万群众参加。"多年以后，牛汉回忆起参加国庆大典并担任纠察队队长的经历，仍激动不已。这不仅仅是因为他亲自见证了人民共和国的诞生，还因为他知道，天安门城楼上，有他和同志们洒下的汗水；开国大典的成功举办，自己也做了一点小小的贡献。想到这些，他都感到无比的高兴和自豪。在他的心里，永远珍藏着那份记忆。是啊，能亲身为这样伟大的时刻付出劳动，该是人生多大的幸福啊！

华北大学学员参加开国大典

## 第三篇
## 留作青年好范畴

## 吴玉章——一辈子做好事

吴玉章,杰出的无产阶级革命家、教育家、历史学家、语言文字学家,曾任华北大学校长、中国人民大学校长。他是全党和全国人民公认的革命老人,历经戊戌变法、辛亥革命、讨袁战争、北伐战争、抗日战争、解放战争和新中国建设。从参加同盟会到参加中国共产党,他始终站在时代的前列;从参加孙中山领导的旧民主主义革命,到参加中国共产党领导的新民主主义革命、社会主义革命,他一直奋斗到最后一刻。他一生从事教育工作,桃李满天下,为革命培养了无数人才。他为社会进步和民族解放、为社会主义建设和党的事业奋斗一生,被尊为中共"延安五老"之一。

吴玉章

## 事关国家荣辱，必当誓死力争

1903 年，25 岁的吴玉章坐上了去往日本的轮船，东渡求学。当时，神州沉陆，外侮侵凌，中华大地"万马齐喑"，青年学子们怀着一腔热血，为救亡图存而奔走呼号。他们渴望新的知识、新的思想，无数人远赴重洋，为的就是寻求真理，改变国家的命运。

"不辞艰险出夔门，救国图强一片心。"满怀抱负的吴玉章，在留学途中写下了这慷慨激昂的诗句，从此，他便以此为志向，矢志不渝。一到日本，吴玉章便如饥似渴地"吞咽"各种新学问，物竞天择、适者生存的进化论，天赋人权、平等自由的民主论，都使他无比醉心。他一面刻苦攻读数理学科，准备以后深研一种实用科学；一面饱读民权革命史籍，热心参加爱国学生运动。当时，他在留日的四川学生中已经逐渐具有相当高的声望。

青年时代的吴玉章

1904 年，吴玉章在日本东京成城学校就读。当时学校有一个传统，每逢元旦，校方都会把世界各国的国旗挂出来，以庆贺新年。到了元旦那天，吴玉章和同学一起喜气洋洋地准备迎接新年。当大家赶到会场时，却发现琳琅满目的万国旗中，独独没有中国国旗！同学们的情绪一下子激动起来：这是对中国的歧视！气愤、恼火一下子涌了上来，吴玉章意识到了问题的严重性。

眼见着同学们在纷纷表示愤慨，吴玉章沉思片刻，站了出来："同学们，大家先别争吵，我们一起，去找学校讨个说法！"

"对，我们跟着吴玉章一起讨说法！"

吴玉章这么振臂一呼，大家纷纷应和，跟着吴玉章一起找校方代表理论，要求校方向中国同学道歉，马上挂上中国国旗。否则，就要罢课，就要绝食，表达严正抗议！

校方派出的代表不以为意："学校平日里对你那么好，知道你家里没有钱，就从来不催着你交学费，反而还时不时地给你发放补贴。你可倒好，现在竟然纠集一大帮子人来这里闹事！"吴玉章听了严肃地说道："学校对我的生活照顾是很好，这点我很感激。但是挂不挂国旗不是小事，而是关系到国家荣辱。对于国家荣辱的大事，我不能不誓死力争。不只是我，在场的所有中国留学生，都做好了准备，这件事我们会抗议到底！"

"对，我们会抗议到底！"

"一定要挂上中国国旗！"

"中国的尊严不能被践踏！"

就这样，在吴玉章的带头抗议之下，中国国旗升起在元旦会场上，给中国留学生们以精神上的慰藉。无论如何，走出国门，国旗代表的就是那片热土，而日本校方的所作所为是无视中国的国际地位。虽然这一次吴玉章力争挂国旗，用行动争回了最起码的尊重，但他深知，想要真正恢复国家的尊严，终究还是要回到国内为之奋斗。

**探索救国道路，坚定革命主张**

吴玉章晚年曾自述："我的思想曾经有过两次大的决裂，一次是与康梁的改良主义思想决裂，坚决走辛亥革命的路，使我成为了坚定的革命民主派；一次是与旧的资产阶级民主革命的思想决裂，坚决走社会主义革命的道路，使我成为共产党人。"

辛亥革命推翻清政府后，很多人认为革命就此胜利了。而吴玉章却不这样认为，他对一些靠"革命"变为"新贵"从而争权夺利的跳梁小丑深恶痛绝。

他严词拒绝了高官厚禄的劝诱,宣告不做官、不当议员,他认定革命并没有完结,并时刻准备继续斗争。不久,袁世凯窃取了革命果实,辛亥革命夭折了。这时,许多从前高唱"革命"的人,高升者有之,叛变者有之,落伍者有之,彷徨者有之。而吴玉章则不屈不挠,坚忍沉毅,热心奔走革命,脚踏实地,埋头苦干,矢志不渝。

1919年,五四运动爆发,各种新思潮如春潮般在社会上涌动开来。此时吴玉章的心情无比振奋,他早就被社会主义理想所吸引,只是苦于不知如何去实现。俄国十月革命胜利,为一度茫然的吴玉章指明了道路。于是,他团结了一批志同道合热心革命的同志,宣传社会主义思想,组织工会,发动罢工。在不断深入实践的过程中,吴玉章等人深深感到建立一个马克思主义团体的必要。于是,1924年1月12日,他们秘密成立了"中国YC团"(即中国青年共产团),以此作为领导革命斗争的机构。1925年,经赵世炎介绍,吴玉章加入了中国共产党。

1938年4月,吴玉章在国民党统治区从事党的抗日民族统一战线工作,是我党出席国民参政会的参政员之一。当时,蒋介石一面联共,一面又积极部署限共。当年底,蒋介石专程找吴玉章"恳谈",极力拉拢道:"你是老同盟会,国民党的老前辈,还是回到国民党来吧!"听了这番话后,吴玉章斩钉截铁地严词拒绝:"我加入共产党是深知只有共产主义才是社会发展的正确道路,对于这一点,我是决不动摇,决不会二三其德、毫无气节的!"说罢拂袖而去,蒋介石只得悻悻而归。

1945年12月,吴玉章随周恩来前往重庆,出席政治协商会议。1946年,吴玉章以中共四川省委书记的公开身份留驻重庆,他是党唯一在国统区公开宣布的省委书记。当时吴玉章主要负责领导重庆《新华日报》和西南地区党的工作。《新华日报》是揭露蒋介石内战阴谋的一件有力武器。就在1947年2月28日,国民党当局突然派军警包围了报馆,实行戒严,通知中共驻渝办事处解散,并强令《新华日报》停刊。面对威逼利诱,吴玉章高呼:"我们要保持共产党人的人格,不怕牺牲!"就这样,驻渝全员同国民党军警宪特展开了艰苦的斗争。最终,在 3 月 9 日胜利返回延安。

## 吴玉章与游丙莲

1946 年,就在国民党给中共四川省委不断施压的时候,年已 68 岁的吴玉章收到了他相濡以沫 50 年的发妻游丙莲离世的噩耗。11 月 17 日,在万分悲恸中,吴玉章撰文悼念亡妻,写下了《哭吾妻游丙莲》。

吴玉章与游丙莲于 1896 年在故乡成婚,自从 1903 年吴玉章挂帆东渡日本,寻找救亡图存的道路后,两人便开始了长达 44 年的分居生活。吴玉章投身革命,家中老小全靠妻子含辛茹苦,苦苦维持生计:"家中小儿啼饥号寒,专赖你苦撑苦挣,虽然无米无盐,还要煮水烹茶,使炊烟不断,以免玷辱家门。由于你的克勤克俭,使得儿女得以长成,家庭免于贫困。满以为革命功成,将和你家园团聚,乐享太平。料不到四十年来,中国的革命前途虽然走上光明,而迂回曲折,还有一段艰苦的路程,你既未能享受旧时代的幸福,又未能享受新时代的光荣。今别我而长逝,成了时代的牺牲品,能不令人伤心。"

千般怀念,万种思绪,都在下笔的那一刻涌上吴玉章心头。几十年人生风雨,几十年两地牵挂,都在字里行间真情流露。自踏上救亡图存的革命道路起,就

**吴玉章与游丙莲**

注定无缘安逸的家庭幸福。吴玉章当然想过家庭团圆、乐享太平的日子，尤其是他已年近古稀。但这是一种奢望，要实现的前提是革命成功。吴玉章深知，迂回曲折的革命道路还是要靠有人去披荆斩棘，千千万万个家庭的幸福安宁注定要由革命者的牺牲换取。

吴玉章的大哥因为大革命失败，贫困残废，含恨离世；二哥因为倒袁二次革命失败，悲愤自缢而牺牲；侄子因为土地革命而牺牲。遭遇这种种不幸，足以摧毁整个家庭，全靠游丙莲的贤良淑德坚忍勤劳，安慰寡嫂，抚慰侄辈，在风雨飘摇中勉强支撑。想到这里，吴玉章悲恸万分，他对妻子的感激、愧疚、思念之情一齐迸发，在笔端释放。

**心之忧矣，曷维其已！**

这份真挚的爱情是伟大的，但是在那个时代却又显得那样无能为力。两人50年的婚姻，竟有44年分隔两地；妻子病重，自己却因公务羁身、环境所迫而不得探看。个人的不幸，实则是时代的悲剧。革命不成功，还会有更多的家庭骨肉离散，更多的游丙莲抱恨终生。

"亲爱的丙莲，我们永别了！我不敢哭，我不能哭，我不愿哭，因为我中华民族的优秀儿女牺牲得太多了！哭不能了事，哭无益于事。还因为我们虽然战胜了日寇法西斯蒂，而今天我们受新的帝国主义和新的法西斯蒂的压迫更甚。国权丧失，外货充斥，工商倒闭，民不聊生。而内战烽火遍地，满目疮痍，我何敢以儿女私情，松懈我救国救民的神圣责任。我们只有以不屈不挠，再接再厉之精神，团结我千百万优秀的革命儿女，打倒新的帝国主义、新的法西斯蒂，建成一个独立、自由、民主、统一和繁荣的新中国。丙莲，安息吧！最后的胜利，一定属于广大的人民，以慰你在天之灵。"

纵使生离死别，还是要担负起一个革命者的时代使命。这是一种质朴而真挚的感情，它源自最坚定诚恳的觉悟，源自最忠贞不渝的信任，也源自最简单深切的爱。伉俪情深，让人为之动容；民族大义，更让人为之钦佩。

## 一息尚存须努力，留作青年好范畴

吴玉章晚年曾作《自励诗》："春蚕到死丝方尽，人到期颐亦不休。一息尚存须努力，留作青年好范畴。"1948年，中央决定将原属晋察冀解放区的华北联合大学和原属晋冀鲁豫解放区的北方大学合并，成立华北大学，校址选在正定。当时，中共中央委托中央书记处书记周恩来负责合并改组事宜。

古今凡成大事，"所尤先者有三。一曰立志，二曰责任，三曰求贤"。中共中央和周恩来要为华北大学求的贤，就是吴玉章。吴玉章是德高望重的老革命，也是桃李满天下的教育家。早在1940年，中央在延安为吴玉章祝贺六十寿诞时，总结了吴老的革命生涯，并致以崇高敬意，在贺词中评价吴老"不仅是中国教育界文化界的前辈，而且是青年男女先进的导师"，称赞吴玉章"对青年男女的关心和爱护，以及诲人不倦的精神，给与青年们以深刻的印象"。

周恩来马上动笔给吴玉章写了一封信，商请吴玉章出任华北大学校长。"老当益壮，宁移白首之心"，年近七十的吴玉章没有犹豫，"办学校，是为了振兴中华，提高民族文化素质，为国家培养人才，这是一个极其光荣而伟大的任务，是国家百年大计、千年大计的大事，它有着重大而深远的历史意义，我一生都乐于办学校，愿为国家培养人才做贡献"。

7月15日，吴玉章抵达正定，全校师生隆重欢迎。7月26日，全体师生召开了盛大的联欢会，吴玉章发表讲话，鼓励大家团结一致办好华北大学，在新形势下以新姿态为解放全中国努力工作和学习。火热的气氛持续到8月24日，这天，华北大学成立典礼正式举行。美术系的师生们画了一幅油画，以表达全校师生对吴玉章的敬意。画面上，校旗飘舞在华北绿色广袤的原野上，吴老面带笑容，和蔼可亲，正带领一个小孩向前迈进。

12月30日，吴玉章七十寿诞，党中央、毛主席给吴老发来贺信："中国人民都敬爱你！"这是对吴老的一生高度凝练的评价。谢觉哉作诗称道吴玉章在教育领域的贡献："况有三千诸弟子，东西南北立功勋。"刘伯承、陈毅也联名发来贺信："你现在华北大学主持教育，成千成万的青年更要在你的培养之下变成新的干部。你一生的光荣，也是中国人民的光荣和我们党的光荣。"

华北大学专门为此举办了一场晚会。会上，诗人艾青朗诵了他为吴玉章写的诗作，作曲家李焕之吹奏了陪伴他走过万水千山的竹笛。华北大学成立的临时演出队，还自编自演了话剧《吴老的故事》，展现了吴玉章奉献革命、奉献教育的经历，深得观众认可，将晚会推向了高潮。

**主掌人民大学，树立高教典范**

1949年12月，政务院通过了《关于成立中国人民大学的决定》，以华北大学为基础，"有计划有步骤地培养新中国的各种建设干部"，任命吴玉章担任校长。

建校之初，困难很多：一无校舍，二缺干部，三是领导缺乏办正规新型大学的经验。吴玉章勤勤恳恳、兢兢业业地带领大家，以一切从新学起、摸索新经验、创立新视野的革命精神，在短期内胜利地完成了学校的筹备工作，并

吴玉章与华北大学文工团三团合影

按时招生上课。从此，在中国教育史上揭开了由我党创办社会主义新型正规大学的新篇章。

吴玉章遵照党中央的指示和政务院的决定，在筹备过程中就明确指出："中国人民大学的任务是培养新中国的各种建设人才。这些干部要学会能够建立新的经济制度、能够管理新的国家的本领。"在开学典礼上，吴玉章又进一步提出："中国人民大学所培养的学生，都要用马列主义、毛泽东思想武装起来，并准备培养成为掌握最新科学成就的专家。"为了完成上述任务，学校根据国家当前和长远两方面的需要，在系科设置上，采取了以财经为主、兼顾其他的原则；在学制上，采取了本科和专修科并举的原则；在招生方面，采取了以工农干部为主、兼顾青年学生的原则。这些原则，体现了中国人民大学的性质和特点。

创建中国人民大学的过程，也是解决新中国教育事业发展中面临的一系列新问题的过程。如何将教学和社会实际相结合，将培养学生的数量和质量相结合，将新旧教学组织、教学制度、教学方法的建立与改造相结合，将学校的政治工作、行政工作、后勤工作和教学工作相结合，将学生的组织纪律性和创新创造性相结合，将教员的教学工作和科学研究相结合，将正规社会主义大学和革命教育光荣传统相结合，等等，这一系列亟待解决的问题，在吴玉章深思熟虑、创造性的领导下，都得到了比较妥善的解决。

吴玉章主持中国人民大学工作的 17 年，中国人民大学的教学、科研等各项工作都取得显著成绩，中国人民大学为国家培养了 7 万多名干部，成为新中国高等教育的典范。

## 范文澜——以人民的名义

范文澜

范文澜 1893 年 11 月出生于浙江绍兴，幼年就读于私塾。中学毕业后考入北京大学。1917 年大学毕业后担任蔡元培私人秘书。其后，先后在沈阳高等师范学堂、天津南开中学、南开大学任教。1926 年，加入中国共产党，不久后与党组织失去了联系。

1927 年拜会李大钊后，开始在课堂上讲授共产主义。1937 年七七事变后，创办抗战讲习班，积极从事抗日救亡活动。1939 年 9 月，范文澜在竹沟镇重新加入中国共产党。1940 年 1 月，到达延安，先后在马列学院、中央研究院、中共中央宣传部工作。1946 年 1 月，被任命为北方大学校长。他旗帜鲜明地提出当今的时代是人民的时代，为北方大学确立了全心全意为人民服务的宗旨。

## 义无反顾，投身革命

"他脱下教授的长衫，穿上抗日战士的军装，与民族共命运，与群众同呼吸，从中原游击战场，来到延安宝塔山下。窑洞中的油灯陪伴着他，撰成《中国通史简编》，从内容到风格都使人一新耳目，又撰成《中国近代史》，奠定了此重要研究领域的基本格局。"

范文澜出身于衰落的士大夫家庭，他从北大毕业后，就接触了红色外围组织。七七事变后，范文澜辞职参加了新四军游击队。他先随河南大学从鸡公山移至南阳镇平县一带，不久即到达中共河南省委所在地确山竹沟镇，并很快领导战时教育工作团，在舞阳和湖北襄樊一带进行救亡宣传。1939 年 9 月，在国民党甚嚣尘上的反共声中，他在河南省确山县的部队上重又光荣地加入了中国共产党。几乎同时，中共中央中原局书记刘少奇做出批示，决定将范文澜转移至革命圣地延安。这令范文澜异常兴奋，能到全国瞩目的抗战指挥中心去施展才华是他梦寐以求之事，此番心情在他记述刚到延安时的文字中可见一斑："我'过五关斩六将'，冲破若干险阻，居然走到'寤寐求之'的边区了！快乐得把铺盖丢弃在汽车上。多么光明的边区啊！我到边区了！我清算过去四五十年的生活，一言以蔽之曰烦恼，现在开始清爽快乐的生活了！"激动之情，溢于言表。

1940 年 1 月到延安后，范文澜担任马列学院历史研究室主任，开始组织编写《中国通史简编》，次年担任中国研究院副院长。1941 年，他的《中国通史》上册出版，1942 年中册出版；1946 年，他将上、中册合在一起，定名《中国通史简编》。1946 年，他又出版了《中国近代史》上册。这两本书的出版，标志着范文澜建立了完整的马克思主义的中国史学体系。1942 年，他调到中宣部工作，发表了一系列批判国民党反动派投降主义的文章。抗战胜利后，他离开延安，先后任北方大学校长、中原大学校长、华北大学副校长、华北人民政府委员等职。1946年，他读了毛泽东同志《沁园春·雪》后，非常受感染，特意把此词译成白话文，当年10月20日发表在《人民日报》上。

**高瞻远瞩，为民办学**

　　1946年2月22日，范文澜从延安乘飞机赴北平，转赴邢台担任北方大学校长。行前，八路军总司令朱德代表中共中央接见范文澜并指示工作，要求他尽力办好学校，还特别叮嘱说：要办工学院，为边区的工业发展培养人才。中共中央拨给范文澜一批金条，作为北方大学采购图书、仪器之用，这些金条就存放在晋冀鲁豫边区政府财政部门。同时，中共中央图书馆还赠送北方大学两箱图书、典籍，由范文澜随身携带到学校。范文澜在北平稍事停留，访问故旧，设法延聘教员、采购图书和仪器，尽一切努力为办好北方大学做准备。3月中旬，范文澜会见重庆新华日报社记者，发表关于北方大学的教育方针和教学方法等问题的讲话，提出学校以培养为人民服务、从事和平建国的各种专门人才为宗旨。4月中旬，范文澜抵达邢台，到北方大学就职。4月20日，他在北方大学举行的全校大会上全面阐述了学校的宗旨、任务、建校方针、校风、学风、组织机构、教学方法等重要问题。这些讲话实际上成为北方大学的建校纲领。

　　北方大学办学的总体指导思想是，为解放战争和建设新中国培养全心全意为人民服务的各种专业人才，革命和建设需要什么人才就培养什么人才。范文澜在讲话中全面分析了国际国内形势，提出"当今的时代是人民的时代"的论断。他指出，北方大学的宗旨是全心全意为人民服务，就是培养为人民服务、从事和平建国事业的各种专门人才，培养人民的知识分子，这条宗旨是永远不会变的。"全心全意为人民服务"就是决心在人民事业的各个部门中，做一个最忠实的服务员，随时随地把人民的利益放在第一位，随时随地准备牺牲个人的一切来拥护人民的利益。"先天下之忧而忧,后天下之乐而乐","鞠躬尽瘁,死而后已"两条结合起来,才近乎"全心全意为人民服务"的标准。关于校风,《北方大学校章》规定:"本校以实事求是、团结友爱、耐劳朴素、活泼愉快为校风。全体人员务须互勉,期其充分实现。"

**生活简朴,以身作则**

范文澜的生活,更值得学习。他初到延安时,住在马列学院。一家三口只住一孔窑洞,是寝室,是书房,是客厅,又是餐厅兼厨房。窑洞后面支着一个大床铺,前面靠窗处有一个大案子,是用几块木板加上四条腿做成的,是书桌,又是餐桌。案后靠墙处有一个长方小凳子。案上有一盏小油灯,点的是蓖麻油或煤油,黑烟滚滚,其光如豆。范文澜伏在这盏油灯下工作,夜以继日,除非有客人来,总是写、写、写。工作疲劳了,就背靠在墙上略微休息一下,吸一口烟。背靠土墙,总是弄得一身泥土。夫人戴冠芳将一个小凳子横放在地上,上面加一块小木板,再将另一块木板靠在墙上,让范文澜休息时坐在上面舒服一些,当时学生们就叫它"土沙发"。

1946年范文澜在北方大学的生活,有桌子,有椅子,比在延安时好些,却也没有好上多少。住房还是很狭窄,穿衣还是旧棉袄,吃饭还是小米饭。将门小姐高继芳初次进入北方大学学习,听说范文澜校长是我国著名的历史学家,著有《中国通史简编》,曾在北京各大学里任教,想象范校长一定是衣冠楚楚、很有风度的学者、教授。但在一号楼找到范文澜校长,看到他穿着十分朴素,身上穿的是粗布制服,脚上蹬一双农家做的鞋。范文澜看到她穿着一件浅蓝色的短袖旗袍,脚穿蓝色的皮鞋配高筒丝袜,说:"你这衣服得换一下,才能到班里和同学一起学习。"她答应说:"好,我知道,发了衣服我就换掉这一身。"

范文澜进北京城是坐着一辆破卡车进来的,这辆卡车没有刹车,只能慢慢地开，走走停停。进入北京以后，他属于部长级，配有专车，可是他走亲访友都是步行或乘公共汽车。他逝世后，人们从他生前所穿大衣口袋里掏出的两毛钱人民币，就是他准备乘公共汽车时买票用的。当时国家给范文澜派了一个保姆做饭，戴老工作减轻一些，但范老伙食的改善并不太大。甚至近代史所看到他的伙食的同志们都说："范老的伙食不好。"

**读书治学，坐冷板凳**

范文澜经常教导历史研究所的同志们，读书治学要有坐冷板凳的意志和毅力，要天圆地方，要付出辛勤的劳动。他的名言"板凳要坐十年冷，文章不写一句空"告诫人们要治学严谨，为文不空。他身体力行，埋首经书，闻达不求，成名亦罔然不顾。

在延安写《中国通史简编》时，范文澜工作室是个土窑洞，坐的是一个横放的木凳，上面铺个小褥子。他就依靠一支笔、一支旱烟袋、一盏煤油灯，依靠他从白区带来的一批书，每天从上午八点写到夜里十二点以后，全神贯注。

1947年夏北方大学历史研究室成立后，每天晚上的学习讨论，范文澜一定会准时参加，即便有时会激烈争论到深夜十二点，他也一定会坚持到散会。他经常勉励大家说："马列主义是我们工作的指南，毛泽东思想是马列主义的基本原理和中国革命的具体实践相结合，必须好好学习。"1948年华北大学历史研究室改为早晨学习，范文澜依旧在讨论时亲自参加。

1951年华北大学的历史研究室改为中国科学院的近代史研究所，范文澜还是坚持领导全体同志每天早晨学习理论。1953年以后，工作制度变了，范文澜仍旧非常关心大家的理论学习，经常参加政策讨论活动，而且时常教导同志们要保持过去每天学习理论的优良传统。范文澜最为关心的是学术讨论，每逢重大历史问题的讨论，他都是一方面亲自主持或参与讨论，一方面督促、帮助大家研究和写作。如何寻找材料，如何运用材料，如何分析问题，如何贯彻马列主义、毛泽东思想，他都尽力详细地指导。范文澜经常介绍他自己治学的经验说，过去的学术讲"家法"，要钻进去，但是必须钻出来。"钻进去难，钻出来更难。"只有学习马列主义、毛泽东思想，才能从旧的"家法"和教条中钻出来。

1947年新年时，范文澜开始修改《中国通史简编》和《中国近代史》，荣孟源和王南协助工作。他们读给范文澜听，范文澜提出应修改之处，叫他们去查书；范文澜口授修改意见，由他们拟稿；他们再把草稿读给范文澜听，最后完稿。这些工作多在晚上，有时继续到夜深，夫人戴冠芳几次催促，范文澜总是说："就完了，就完了，改完这一点就休息了。"直到荣孟源和王南提出："范老，休息吧，我们也困了。"范文澜这才停止工作，还向他们说："明天你们早一点来！"

迎接新时代的曙光
——华北大学

## 乐天宇——教育实践相结合

乐天宇，著名的农业科学家、教育家，曾任华北大学农学院院长。乐天宇1922年就读于国立北京农业专门学校（1923年改为国立北京农业大学），1924年1月加入中国共产党，1925年在中共中央北方局党校学习后任北京西郊区委书记，1931年后任河南大学农学院教授、河南省第五区农林局局长等职。1938年，乐天宇受命在西安做统战工作。1939年，到达延安。

乐天宇

### 发现南泥湾

1939年冬天，乐天宇到达延安，他直接找到时任中央财政经济部部长李富春，建议组织科技人员，对边区的农林资源进行全面考察，立即得到批准。他随即拟定了工作计划，带领五位同志，花费了一个多月的时间，详细考察了陕甘宁边区的自然资源情况。

考察中，乐天宇发现延安县南部有个固临镇，进去有一大片丘陵地区，方圆 80 余里，有田地，有沼泽，也有森林，觉得是一个屯兵于农的理想地方。

他把这个消息告诉了毛泽东，毛泽东立即舒展了双眉："好！请你立即与党中央办公厅的王首道、邓洁一道去考察，看能不能开发。然后，你写个报告，让中央研究决定。"

朱德知道这个消息后对乐天宇表示愿赴实地去看一看。

抵达固临镇时，朱德对乐天宇说："天宇，这次不虚此行，这个地方确实吸引人。"乐天宇笑了，指着一片水草丛生的沼泽地说："这块烂泥洼有福，惹得我们总司令来看它。"朱德道："这片水草地，泥是烂了一些，要是开田种水稻，会变成田连阡陌的江南水乡。""天宇同志，我看可以给它起一个名字。"朱德一字一顿地说："叫它南泥湾。"

就这样，南泥湾这块原本不为人所知的荒芜之地，有了一个正式的名字。不久，在毛泽东主持的党中央会议上，通过了开发南泥湾的决定。随后，朱总司令下令调一二〇师的三五九旅进驻南泥湾，一面开荒种粮、一面学习军事，开展了著名的南泥湾大生产运动。随着脍炙人口的歌曲《南泥湾》，"到处是庄稼，遍地是牛羊"在中华大地广为人知。

## 培养农业专门人才

1941 年，乐天宇任延安自然科学院生物系主任兼陕甘宁边区林务局局长。1947 年 3 月，胡宗南进犯陕甘宁边区，中共中央撤离延安，时任延安大学自然科学院农业系主任的乐天宇奉命率领本系部分师生到达晋冀鲁豫解放区，在该系基础上着手筹建北方大学农学院。不久，北方大学农学院成立，院址设在山西长治农场，乐天宇担任院长。

北方大学与华北联合大学合并为华北大学后，乐天宇继续担任华北大学农学院院长。农学院主要培养农、林、牧、副专业人才，为解放战争服务、为发展解放区的农业生产服务，由华北人民政府农业部直接领导。由于国民党的封锁和战争的破坏，解放区生活异常艰苦，甚至很难保证基本的生活需要。乐天宇带领华北大学农学院全院师生，发扬南泥湾精神，边学习边劳动，开荒种地，养猪种菜。在他的亲自推动下，农学院实行教育、生产、研究三结合的体制，把专业知识应用于实践。他根据延安引种甜菜熬糖的成功经验，创办糖业专科班，并建立了22个糖业工作站，当年即熬制了红糖数万斤，一举解决了解放区长期缺糖的困难。他还创办兽医专修科，聘请民间有经验的兽医授课，办起了兽医院，师生自己动手上山采集和制作中草药，学习推广针灸等民间传统医术，结合现代兽医科学技术，防治猪瘟、牛瘟、炭疽等流行疫病，取得了明显效果，受到群众的广泛赞誉。华北大学农学院还根据解放区经济发展的需要，评选和推广小麦、玉米等作物良种，普及种麻、沤麻、种烟、烤烟、种蓝打靛等先进技术，对解放区农牧业生产的发展起到了相当的推动作用。随着解放战争的节节胜利，教育生产实习基地也从长治、太行山一带逐渐扩大到邯郸、石家庄、保定。

新中国成立以后，中共中央决定华北大学农学院和北京大学农学院、清华大学农学院、辅仁大学农学系合并成立北京农业大学，即后来的中国农业大学，乐天宇担任校务委员会主任委员，成为中国农业大学的首任校长。

**为霞满天九嶷山**

十一届三中全会后，乐天宇已是年近80岁的老人，但他谢绝了组织上分配给他的宽敞楼房，告别了城市生活，毅然回到故乡宁远九嶷山，凭着补发给他的5万元工资，创办了新中国第一所民办高校——九嶷山学院。

没有校舍，县里把原用作办农业中学的一座舜帝庙交给他；没有教职工，他给老同学、同事、朋友一个一个写信，招贤纳士；没有领导层，他成立了"九嶷山学院董事会"，请李维汉、杨开智两位德高望重的革命前辈担任名誉董事长,他任董事长、校长。就这样,学校的筹办工作展开了,在社会上迅速产生了影响。

没有学生宿舍,女生住在教学楼上,在楼板上开铺。男生分散住到附近的农民家中。乐天宇也住在"风雨楼"的一间低矮狭小的房间里,没有天花板,窗户是用塑料纸糊住的。房间里一张木床、一张三斗桌、两条骨牌凳,桌上放着一只用白铁皮做的煤油炉。年事已高的乐天宇每天还扶着摇摇晃晃的楼梯爬上爬下。学生没有桌椅板凳,请当地老乡帮忙做了一些。学生上大课就在舜帝庙的大坪里,每个学生拿一条小板凳,屈腿坐着,就以膝盖当课桌。

经过一年多的筹备,1981年9月,九嶷山学院正式开学。乐天宇说:"开学就上课,第一堂课我讲。"于是,100多名学生每人拿着一条新做的小板凳,坐在舜帝庙中间的空坪,静静聆听老校长讲课。乐天宇的讲课朴实无华,他跟学生们讲:你们就是建设祖国,改变山区面貌的一代新人;你们要在学习中不断磨砺自己,提高自己。这番朴实的话语深深地打动了学生们,他们很多年后还记忆犹新。

1984年7月15日凌晨,乐天宇突患脑溢血在宁远病逝。乐天宇生前曾立下誓言:"我晚年的事业在九嶷,死于九嶷,葬于九嶷"。按其遗愿,他的骨灰部分安放于北京八宝山革命公墓,部分撒在九嶷山。

乐天宇逝世后,他开创的事业后继有人。1985年2月,九嶷山学院第二届董事会筹备会在北京召开,一直关心、支持这所学院的萧克将军应邀出席。会议推荐北京农业大学校长安民为名誉董事长,北京农业大学张仲葛教授为院长,乐天宇的儿子乐燕生为董事长。2002年6月的一天,在人民大会堂,全国民办高等教育委员会主任刘培植向九嶷山学院负责人授予"新中国第一所民办大学"的牌匾。同年8月,湖南省教育厅发文将九嶷山、冷水滩两分院合并,冠名"湖南九嶷山专修学院"。2005年,在九嶷山专修学院的基础上,建立了湖南九嶷山职业技术学院,纳入普通高等学校序列。

迎接新时代的曙光
——华北大学

## 李焕之——延安走出的革命音乐家

李焕之

李焕之是我国著名作曲家、指挥家、音乐理论家。他出生于香港，同时受到东西方文化的启蒙。孩提时代的李焕之经常陶醉在教堂唱诗班圣洁的旋律中，慢慢生发出对音乐的浓厚兴趣。10岁那一年，其父病逝，全家迁居厦门。李焕之虽未出身于音乐世家，但是厦门这座音乐之都给予了他充分的音乐熏陶，为他的音乐创作打下了基础。他通过合唱接触了声乐，转而在乐队中练习器乐，同时阅读了大量与音乐有关的著作。虽然书中对音乐作品只有一段段的文字描述，但李焕之凭借声乐、器乐的基础，常去幻想这些曲子真正演奏出来该是多么美妙。自此，他的音乐创作意念也日益加强。

### 18 岁遇到"中华民族最危险的时候"

1936 年，李焕之以特别选科生身份考入上海国立音乐专科学校学习。在这里，李焕之对音乐的热爱最终发展成了他的事业志向。他曾有机会现场聆听贝多芬的《第九交响曲》，从其恢宏的气势和深刻的思想中受到了深深的触动，他第一次感受到了从音乐中迸发出的革命热情和民主渴望。这些经历拓宽了他的艺术视野，也奠定了他的艺术思想。1937 年，李焕之 18 岁，虽然受母之命在商行经商，但"中华民族到了最危险的时候"无时无刻不刺痛着李焕之的神经。李焕之加入福建的抗日救亡团体，与进步诗人合作创作了 67 首抗战歌曲。这是李焕之艺术生涯真正的起步阶段，它是与驱逐侵略者和保卫家园紧密维系在一起的，这时的李焕之充满被战火燃起的斗志。对革命文艺活动的追求，使李焕之放弃了香港经商的家业，毅然决然地奔向延安，成为革命圣地千千万万的青年之一。而李焕之也在日后通过作品讴歌革命、讴歌理想，唱出了千千万万青年的心声。

**在延安，作曲生涯揭开了新篇章**

1938 年，为着革命音乐理想，为着民族解放斗争，李焕之来到延安，进入鲁迅艺术学院学习。延安是一座革命的熔炉，在延安生活的七年被视为他一生中最重要的时期。1938 年底，冼星海抵达延安。在欢迎会上，冼星海指挥大家唱《到敌人后方去》，李焕之看着、看着，心想："我可有了一位指挥老师了。"李焕之追随冼星海，钻研音乐理论、磨炼专业技巧。到了 1939 年，李焕之结束学业后，就开始担任合唱、视唱练耳课程的教员，同时也成了冼星海的助手。

1939 年 3 月初，冼星海同诗人塞克合作创作了一部舞台表演剧《生产运动大合唱》，排练时需要有一位打大锣的乐手，冼星海就指派了李焕之担任。排练中，冼星海听了李焕之打出的锣声后赞赏地说："你的锣声打出了我的音乐所需要的效果，打出了音乐性，很好！"冼星海亲切的鼓励促成了二人越来越多的交流合作。

到了 4 月,《黄河大合唱》第一次尝试由 100 多人的大合唱队完成。但是,由于物资的缺乏,几乎难以组建成一支乐队。于是,大家开动脑筋,没有条件就创造条件。有那么一件"新式乐器",那是一个大号的搪瓷缸子,它是李焕之在广州时买的一只瑞士产品,每天李焕之都把它系在腰带上,冼星海偶然看中了它,并将队员吃饭的勺子收来一大把放进缸子里。当朗诵完最后一句"那么你听吧"的时候,李焕之就在冼星海的指挥下,奋力摇晃着这件"新式乐器",与管弦锣鼓齐鸣,配合着合唱队员们"咳哟,划哟"的雄壮歌声,烘托出万马驰骋之势。李焕之由此显露出打击乐手的才能,冼星海大为赞赏。

一次次跟随《黄河大合唱》演出,就是一次次学习和实践,李焕之专注地跟随冼星海打磨这部伟大的作品。1940 年冼星海离开延安,李焕之就从恩师手中接过了指挥棒,保证了《黄河大合唱》的演出水准。1944 年接待美军考察团,李焕之指挥演出《黄河大合唱》,"那么你听吧"一句诵毕,紧接着那万众一心、同仇敌忾的一声"咳哟,划哟"犹如雷霆万钧、翻江倒海,把美国军人惊得蹭地一下从座位上站起来,手足无措。

演奏继而指挥《黄河大合唱》,让李焕之感知了合唱的震撼与魅力,同时传承并发扬了冼星海的作曲风格——洗练的旋律和丰富的感染力,从而使李焕之创作出了《青年颂》等一系列合唱作品。通过与人民大众广泛而亲密的长期接触,李焕之将紧密结合时代和人民的需要作为自己的创作方向,积累了丰富的创作素材。1945 年,李焕之参与创作《白毛女》,深厚的积累和对广大农民群众的真挚情感帮助他出色地完成了创作任务。

## 为解放而歌

在延安的七年间,演出和教学的经验总结、作品的创作、理论的思考,李焕之已经积累了不少资料，他把点滴心得都保存在一只随身携带的小皮箱里。1946年，为了"从民间音乐以及'五四'以来新音乐作品中总结出一点规律性的东西"，李焕之开始编写《作曲教程》。李焕之立足于民间音乐和自身创作实践的积累，历时一年完成了20万字的论述。这部书在理论书籍异常匮乏的解放区，成为很多音乐工作者学习和创作的宝典。

解放战争胜利在望，李焕之以更加豪放的激情创作了多部音乐作品。《抗战的路是老百姓开》《铁路工人歌》《向胜利前进》《革命无不胜》等脍炙人口的歌曲，唱出了人民对于全面胜利的渴望、对于新生活的期盼。李焕之的众多作品中，尤以与贺敬之合作的《民主建国进行曲》最为著名。为迎接共和国的新风貌，李焕之在乐句安排、词曲搭配和对应上也有所出新。整首歌曲概括了共和国伟业开创者的新风貌，在解放战争胜利之际极大地鼓舞了士气。

1948年，李焕之为华北大学谱写的校歌曲调，以其坚定有力、奋发向上的旋律特点从众多备选曲调中脱颖而出，受到师生的传唱和热捧。华北大学成立后，李焕之在三部的文艺教研室任音乐组组长，培养了一批具有音乐宣传能力的革命干部。不论在音乐创作上还是在音乐教育上，李焕之都以他精湛的艺术造诣，为即将成立的新中国做出了贡献。

**"音乐是最能振奋民族精神的一种艺术"**

1981年，李焕之在《为振兴中华而奋斗终生——纪念人民音乐家冼星海》一文中，由衷地表达了自己对于音乐与培育民族精神的看法，即"音乐是最能振奋民族精神的一种艺术"。李焕之是这样认识的，也是这样实践的。自1949年起，李焕之就投身于新中国的音乐事业：1951年任中国青年艺术团合唱指挥；1956年在"陕北民歌合唱队"的基础上成立北方民歌的混声合唱团，该团后成为中央民族乐团民歌合唱队的前身；1960年成立中央民族乐团。李焕之以其丰厚的经验、不衰的豪情，成为音乐事业的核心。通过组建团体的方式，广泛传播优秀声乐作品，用音乐传达出积极昂扬的精神风貌，振奋民族精神。

同时，李焕之创作的脚步也并未停歇，他从各地民歌中汲取素材，除创作150余首声乐作品外，还尝试将这些民歌素材运用于大型器乐作品中。《春节组曲》《第一交响曲》是李焕之器乐作品的代表作。他晚年仍坚持创作和理论研究，其绝笔作品《第二交响曲——土地》的第一乐章《路》，仍然是他大胆尝试、勇于创新的硕果，实现了他用民族管弦乐队创作交响曲的夙愿。

李焕之的八十一载人生路，起于1919年——五四运动引领了中国的新民主主义革命，终于2000年——世纪之交开启了共和国辉煌富强的新纪元，他用一生见证了祖国近一个世纪以来屈辱、奋争、胜利、复兴的每一个重要历史时期。作为延安走出来的革命音乐家，其音乐风格令人振奋，其艺术作品生命长青。每当春节来临，李焕之的《春节序曲》奏响，热情、和美的旋律流动在每一个海内外中国人的心田，这满怀着温暖和慰藉的旋律是李焕之音乐灵魂的表达，沉淀着李焕之对祖国和人民最深沉的爱与祝福。

## 胡华——中国革命史学科奠基人

胡华,马克思主义史学家、教育家。在长达半个世纪的革命生涯中,他先后在陕北公学、华北联合大学、华北大学和中国人民大学担任中国革命史教师,长期从事马克思主义理论和中国革命史、中共党史的教学与研究工作,为党和国家培养了大批优秀的党史工作者,为新民主主义革命史和中共党史学科建设做出了具有奠基性的贡献。

**初登讲坛,投身教育**

1940年1月,毛泽东发表了《新民主主义论》,华北联合大学校部号召全校师生深入学习。此时的胡华是华北联大政治理论研究室中国革命问题教研组的一名教员。在研读过程中,他深刻认识到《新民主主义论》给予中国共产党和中国人民充分的精神武装,强有力地帮助中共实现党内的思想统一和全国人民的思想统一,进而帮助全国解放区实现政策统一。4月,为了配合《新民主主义论》的学习,胡华担

胡华

任了"中国近代革命运动史"教员,为社会科学部和工人部上课。从此,他登上了大学的讲台,开启了其半个世纪的教学生涯。

1948年8月,华北大学成立后,"新民主主义革命运动史"是党中央在关于成立华北大学的决定中规定要开设的中共党史课程,这不仅仅是一门重点专业课,也是其他部门、院系的共同必修课。政治教员胡华担任华北大学中共党史教学组组长、主讲教师。胡华是华北大学一部最年轻的教员,成千的学生坐着小马扎在广场上听其讲课,其讲授的课程内容丰富,其讲课时条理清晰、语言生动,常常带着充沛的革命感情。由于大部分学生来自国统区,他们对于中国革命的历史知之甚少,所以讲授新民主主义革命理论时,经常要结合历史来讲,后来历史的部分越讲越多,胡华索性就将这门课程定为"新民主主义革命的理论和历史"。

**教学所需,奠基之作**

当时,中共党史课急需的是教材。胡华按照校方指示,埋头编写《中国近代革命史讲话》,彭明担任他的助手。吴玉章、范文澜、成仿吾等校领导经常对胡华给予指导。由于办学条件艰苦,晚上既没有电灯也没有煤油灯,胡华只能在小铁碗中浅浅倒些菜籽油,燃几支灯芯草。三伏天的深夜,胡华一边就着油灯的摇曳光亮奋笔疾书,一边抽出一只手来拍打腿上的蚊蝇。他有时站起来伸伸手脚,便又继续伏案编写。

在如此艰苦的条件下,胡华用了半年多的时间基本完成了教材编写工作,华北大学出版了胡华编著的《中国近代革命史讲话初稿》第一、二、三编。初稿每一编写出时,华大一部都要组织座谈会讨论,很多学者对其内容提出了建议和意见,帮助胡华进行完善。这本书是华北大学新民主主义革命史讲授的全校教学用书,第一编讲述了鸦片战争到五四运动的历史;第二编讲述了中国新

胡华在上课

民主主义革命的开端与大革命时期（1919—1927年）；第三编讲述了十年土地革命时期（1927—1937年）。

由于《中国近代革命史讲话初稿》只讲述到了全民族抗日战争前夕，对于新民主主义革命的历史而言，这显然还是不完整的，抗日战争和解放战争两个重要的历史时期还没有讲到。1949年8—12月，华北大学一部第八区队学员毕业分配后，该部没有再招收新生。担任中国新史学研究会副会长的吴玉章校长十分关心胡华的革命史编写工作，要求胡华在给华大三部和其他高校讲授中国革命史之余，尽快完成《中国新民主主义革命史》的编写。

## 出版发行,风靡全国

1950年2月,胡华完成了《中国新民主主义革命史》的初稿,由于时间仓促,解放战争时期的历史没有写入。吴玉章将初稿呈送中共中央宣传部审定。胡乔木、田家英、邓拓、王惠德、胡绳、叶蠖生等教育、宣传、理论部门的领导和专家进行了审阅,提出了具体的修改意见。3月,初稿由新华书店出版发行,第1版第一次印刷2万册。

初稿发行后,受到了广大读者的喜爱,成为新中国各界了解中国革命和中共党史的普及读本。同年,第2版由刚成立的人民出版社出版。20世纪50年代,初稿共印了13版,发行了230多万册。除了中文版,初稿还翻译成了日文、朝鲜文等多种文字。在修订过程中,周恩来等国家领导人、史学界专家学者、历史亲历者以及各地的读者都对初稿提出了修改意见,胡华始终虚心接受并进行考订。《中国新民主主义革命史》从初版到第13版一直称为初稿,因为作者始终认为这本"应急之作"尚不完善,需要不断地补充修订。

《中国新民主主义革命史》出版后风靡全国,极大地促进了中国新民主主义革命史的宣传与普及,及时为中国革命史课程提供了教材。提及胡华,人们就会将他与中国革命史相联系,其在半个世纪的教学生涯中践行"生就是奋斗,死就是休息"的人生格言,始终坚守中国革命史与中共党史的教学研究工作,成为这门学科的奠基人之一,为中国革命史与中共党史学科做出了重大贡献!

(根据刘涓迅著《革命史家胡华》改编)

# 华北大学大事记

## 1948年

### 5月

**5月9日** 中共中央决定将晋冀鲁豫和晋察冀两大解放区合并,撤销晋冀鲁豫中央局和晋察冀中央局,成立统一领导华北地区工作的中共中央华北局和华北人民政府。原来分属于两大解放区的北方大学和华北联合大学也合并为华北大学,以集中力量扩大办学规模,为全中国的解放和建设事业培养干部。

**5月28日** 受中共中央委托负责两校合并改组事宜的中央书记处书记周恩来,在与华北局初步商谈后,亲笔给吴玉章写信,征求他对担任华北大学校长一职的意见。吴玉章复信并欣然接受党中央的安排。

**5月** 中共中央任命吴玉章为华北大学校长,范文澜、成仿吾为副校长。华北大学由华北局直接领导,校址设在河北省正定县城。

### 6月

**6月20日** 党中央向中原局、华北局、华东局、东北局和晋绥分局发出关于华北大学招生的指示电,要求各中央局重视并协助做好招生工作。

**6月底—7月底** 北方大学的师生员工奉命分批向正定迁移,同华北联合大学的师生员工会合。

## 7月

**7月25日** 中共中央华北局通知：由吴玉章、范文澜、成仿吾、钱俊瑞、孟夫唐、沙可夫六人组成中共华北大学委员会，钱俊瑞任党委书记。

**7月26日** 吴玉章校长召开两校领导干部联席会议，商定华北大学的机构设置和人事配备事宜，并于当晚举行全体人员联欢晚会，吴玉章校长等在会上讲话，鼓励大家团结一致办好华北大学，在新形势下以新的姿态为解放全中国努力工作和学习。

**7月29日** 学校选举出席华北人民代表会议的代表。

## 8月

**8月24—27日** 华北大学在原华北联合大学校址——河北省正定县城举行隆重而热烈的开学典礼。除华北大学2 000多名师生员工参加庆典活动外，中共中央、中共中央华北局、华北人民政府有关负责同志谢觉哉、李维汉、蓝公武、胡乔木、周扬等出席了大会。董必武、谢觉哉、蓝公武、邢肇棠、胡乔木、周扬等赠送题词。吴玉章校长及来宾发表讲话。典礼期间穿插演出话剧、歌剧，放映电影，举办展览，进行球赛，气氛十分隆重热烈。华北大学以培养为新民主主义社会服务的政治、经济、文化、教育等方面的工作干部为目的，以马列主义理论和毛泽东思想为总的教学方针，以讲授、自学辅导、集体互助、理论与实际联系为教学方法，以"忠诚、团结、朴实、虚心"为校训，并编制了校歌。校歌由吴玉章校长作词，经多方征求意见修改定稿后，由李焕之谱曲。学校生活实行集体化、纪律化。华北大学实行校长负责制，建立校务指导委员会和校务会议。其中，校务指导委员会是学校领导的咨询机构，校务会议是学校的最高行政会议。校部设秘书室、教务处和总务处。秘书室主任秦思平、副主任马纪孔；教务处处长尹达；总务处处长鲍建章、副处长于光甫。校部设图书馆，归教务处领导。

华北大学下设一部、二部、三部，均为教学组织，四部为科研组织。此外还设有工学院和农学院。除专业课外，各部、院的共同必修课为社会发展史、辩证唯物论与历史唯物论、新民主主义论、中国革命史等。

一部为政治学院性质，办短期政治班，大量招收青年学生。学校新生一般先入一部学习，毕业后或分配工作，或转入其他部、院继续学习。一部设政治研究室。部主任由钱俊瑞兼任，副主任为林子明、陈唯实，教师有何戊双、宋涛、胡华、李又华、王波鸣、王大刚、郭晓棠、陈辛人等。

二部为教育学院性质，以培养中学师资和文教干部为主，下设国文、历史地理、教育、社会科学、外语五个系和教育研究室。部主任是孟夫唐，副主任为于力、何干之，教师有尚钺、李何林、蔡仪、孙敬之、仇为之、林浩庄、谢韬、韩丁（美籍）等。

三部为文艺学院性质，以培养文艺干部为主，下设工学团、文艺研究室和文工团，附设美术工厂。工学团为教学组织，三部学员先入工学团，边学习边实践，半年后入系学习。文艺研究室下设文学、音乐、戏剧、美术、编译等组，准备在半年后建立文学、音乐、戏剧、美术四个系。文工团全称为华北大学文艺工作团，归三部领导，也是三部师生的艺术实践园地。三部主任是沙可夫，副主任为艾青、光未然（张光年），教师有何洛、贺敬之、李焕之、李元庆、徐胡沙、崔嵬、赵起扬、邵惟、刘恒之、舒强、贾克、牧虹、江丰、胡一川、王朝闻、王式廓、罗工柳、彦涵等。

四部为研究院性质，设中国历史、哲学、中国语文和国际法等研究室。四部同分属于一、二、三部的政治研究室、教育研究室和文艺研究室保持横向联系。四部主任由范文澜兼任，副主任为艾思奇，教师有何思敬、刘大年、王南、王冶秋、荣孟源、刘桂五、丁易、张宗麟、刘列夫等。

华北大学工学院以培养工业建设专门人才为宗旨，院址在井陉，院长为原晋察冀军工部部长刘再生，副院长为曾毅。该院由华北人民政府公营企业部领导，同华北大学保持横向联系，后独立改为北京工业学院，即后来的北京理工大学。

华北大学农学院原为北方大学农学院，以培养农、林、畜牧专门人才为宗旨，院址在山西长治，院长是乐天宇，院主任为徐纬英。该院由华北人民政府农业部领导，与华北大学保持横向联系。该院迁到北平后，同北京大学农学院和清华大学农学院合并为北京农业大学，即后来的中国农业大学。

**8月** 应吴玉章校长的要求，毛泽东为华北大学亲笔题写校名。

学校一部第1班和第2班（原华北联大政治学院第11班和第12班）学员共200余人毕业分配工作。

## 9月

**9月6日** 全校召开大会纪念国际青年日。

**9月中旬** 国民党飞机连日轰炸石家庄。为防备空袭，各部学员于17日开始疏散到正定西郊上课，月底回校。

**9月20日** 校青委（校团委，同年底，青年团正式定名为中国新民主主义青年团）成立，李新任团委书记兼一部副主任。学校开始整顿校内原有的青年团组织。

## 10月

**10月5日** 遵照上级指示，二部主任孟夫唐、政治研究室副主任刘介愚带领17名教师、干部南下创办中原大学。于力继任二部主任，一部副主任陈唯实调任二部副主任。

**10月20日** 于力奉调去华北人民政府任职。何干之继任二部主任，丁浩川任副主任。

**10月26日** 中共中央军委紧急通知：国民党部队将偷袭石家庄，华北大学应尽速向南转移。全校师生员工于当天下午即轻装向邢台方向转移。

**10月27日** 三部主任沙可夫带领由校文工团和三部部分师生组成的工作队去太原前线,准备参加太原解放后的军管工作。后因战局北移,工作队于当年12月中旬返校。

**10月下旬** 由中共地下党领导的原国民政府军事委员会政治部三厅所属的演剧二队、四队以及祖国剧团在王负图、李超等率领下先后撤退到解放区后,有30余人到华北大学工作或学习。

## 11月

**11月5日** 向南转移的学校教工学员全部到达邢台,稍事安置即恢复上课。

**11月7日** 全校在邢台召开大会,纪念十月革命节,并庆祝辽沈战役大捷和东北全境解放,党委书记兼教务长钱俊瑞在大会上做了报告。会后决定全校返回正定。

**11月15日** 学工人员全部自邢台回到正定复课。

**11月中下旬** 学校组织一个临时演出队排练文艺节目,为祝贺吴玉章校长七十寿辰做准备。

**11月下旬** 一部第3~8班600余名学员毕业分配工作。

**11月** 校学生会进行选举,一部学员程秋原当选为校学生会主席。

自1948年秋、冬以来,中共中央华北局城工部为保存有生力量并储备干部,动员平、津等地大批大、中学生来解放区,全国其他地区也有不少青年通过各种关系辗转来到华北解放区,华北大学学员人数骤增。

## 12月

**12月上旬** 一部因学员和班次增多,将各班分为四个区队。每个区队下设数班,每班约有120名学员。

平津战役开始后，学校根据当时形势的要求，调整了三部的机构：压缩文艺研究室，撤销工学团，充实文艺演出队伍，文工团改称文工一团，并以工学团为主成立文工二团。

**12月中旬** 遵照上级指示，党委书记兼教务长钱俊瑞带领60余名干部去北平前线，一部副主任林子明带领一支干部队伍去天津前线，准备分头参加平、津解放后的军管工作。

陈唯实从二部调回一部，复任一部副主任。

一部第9～14班学员毕业，大部分学员分配去平、津前线，准备参加两市的军管工作。

**12月16日** 三部大部分师生，包括文工一团和二团，陆续出发奔赴北平前线，为当地军民进行慰问演出，准备进入北平。

**12月17日** 吴玉章校长参加中共中央有关会议后返校召集校务会议，传达并讨论学校进城后的方针任务。

**12月18日** 中国民主同盟华北支部委员、北平市支部主任委员、清华大学教授吴晗和剧作家田汉、安娥来校做报告。

**12月27日** 全校发起新年劳军运动。

**12月30日** 全校召开大会祝贺吴玉章校长七十寿辰，由临时演出队演出话剧《吴老的故事》等节目。之后，学校决定将演出队改为临时文工团，去石家庄工厂体验生活，进行创作。

## 1949年

## 1月

**1月1日** 全校召开大会欢庆人民解放战争的伟大胜利。

**1月中下旬** 一部第15～18班学员毕业分配工作。

**1月22日** 北平和平解放达成协议。校务指导委员会开会，检查学校进入北平的准备工作，讨论招生简章及教学计划。

**1月25日** 北平、上海、杭州等地学生代表来校参观。

## 2月

**2月2日** 三部师生和学校派出的招生组先期进入北平。

沙可夫、艾青、光未然（张光年）带领一部分干部到中国人民解放军北平军事管理委员会的文管会工作（光未然后来回校主持三部工作）。文工一团和二团配合中国人民解放军部队在天安门前举行的北平入城式和北平市的军管工作开展街头文艺宣传。

**2月3日** 成仿吾副校长从正定来到北平，为华北大学迁址和在北平招生、办学四处奔走，解决校舍问题。

**2月12日** 华北大学同正定各界联合举行祝捷大会。

**2月18日** 华北大学开始在平、津地区招生。

**2月下旬** 二部100余名学员毕业，大部分留校工作。

**2—4月** 文工一团和二团在国民大剧院等地连续演出《白毛女》《王大娘赶集》《秧歌舞》《胜利鼓舞》等大批革命文艺节目，慰问部队、工人、学生、各界代表和市民。

## 3月

**3月2日** 中共中央给华北局发出关于华北大学毕业生分配方针和分配方向的指示电。

**3月8日** 全校女同志开大会纪念三八国际妇女节。

**3月10日** 学校指导委员会商讨进入北平后的教学工作和干部配备问题，落实一部第19～30班约1 400名学员的分配问题。按照中央指示精神，这批学员大部分去党政部门工作或随军南下，少部分去华北大学工学院继续学习或工作，一部分留校。

**3月上旬**　朱德总司令到石家庄西郊华北大学农学院视察。

**3月21日**　校务指导委员会开会，吴玉章校长传达中共七届二中全会精神。

**3月27日**　学校陆续开始向北平搬迁，至4月上旬全部迁到北平。校部驻东四六条胡同，一部驻沙井胡同、蓑衣胡同、铁狮子胡同、棉花胡同以及西皇城根原华北文法学院等处；二部驻先农坛，并在先农坛、拈花寺以及方家胡同各设一个分部；三部驻国会街原北京大学法学院；四部驻东厂胡同。因办学规模急遽扩大，北平校舍不足，学校决定在正定原华北大学校址和天津原意大利兵营（后迁到东局子原法国兵营）各办一所分校，全部安排一部新生。正定分校负责人为一部副主任李新；天津分校负责人为一部副主任陈唯实及宋涛。

**3月28日**　学校向党中央和华北局汇报工作。

**3月下旬**　一部第19～30班（驻正定阶段的最后一批毕业生）毕业分配工作。

**3月**　学校在平津地区新招收的学生陆续入学。自从学校在平津地区公开招生以来，报考青年非常踊跃。开始时学校录取标准偏严，后经党中央指示，放手吸收知识分子入学，尽可能扩大办学规模，为全国的解放而大量、迅速培养干部。一部进城后成立了12个区队，每个区队约有1 000名学员；二部3个分部共招收师资培训班、教育班学员约2 400人；三部招收艺术干部培训班学员1 000余人，学制均为半年。此外，为了接纳大学教师和学有专长的高级知识分子以及民主人士入学，学校成立了政治研究所。政治研究所前后编成5个班，共约300名学员。

## 4月

**4月4日**　吴玉章校长率校部各单位到达北平。

**4月上旬** 学校在平、津招收的一部第1～4区队学员约4 000人赴正定分校学习；第5～8区队学员在北平学习；第9区队学员在天津分校学习。二部的师资培训班和教育班学员按三个分部编班在北平学习。三部艺术干部培训班学员入学后也在北平学习。秘书室主任秦思平调往北平文管会工作。

**4月13日** 三部美术工作队在中山公园举办新年画展览。

**4月13日** 华北大学迁到北平后，选调一批青年干部充实校团委，加强团的各级组织。

**4月13日** 华北大学迁到北平后，接管原国民党军队的二二四医院。在此基础上成立华北大学附属医院，院址分设在南长街和马将军胡同。

**4月13日** 成立校印刷厂。

**4月29日** 文工一团在连续演出36场《白毛女》后结束公演。学校抽调该团人员加强三部的教学工作。

## 5月

**5月1日** 学校响应华北人民政府关于厉行节约、支援灾区的号召，决定全校一万多名师生员工每人每天节约二两小米交公。

**5月4日** 文工二团公演话剧《民主进行曲》。

**5月9日** 学校成立译学馆，由教务处领导。该馆从事俄英教材的编译工作，后改称编译室。

**5月14日** 政治研究所举行开学典礼。所址设在东城马大人胡同和干面胡同（后迁至拈花寺）。

**5月15日** 临时文工团公演以工人生活为题材的话剧《红旗歌》。

**5月18日** 学校校刊《华大生活》创刊。

学校向华北局汇报进入北平后四个月来的工作情况。

**5月中下旬** 校学生会举行换届选举。一部学员方生当选为校学生会主席。

一部第 10 区队学员于 5 月在天津分校入学。

**5 月** 农学院根据上级指示精神准备向北平迁移，由乐天宇领队进入北平。办事处设在位于文津街的静生生物调查所院内。

## 6 月

**6 月 5 日** 一部第 1~4 区队约 4 000 名学员于正定分校毕业分配工作，其中 1 800 名参军南下。

**6 月 6 日** 全校师生分别在驻地开会庆祝"六六"教师节。

**6 月 9 日** 二部师资培训班、教育班 250 余名学员响应学校号召，提前结业南下工作。

团中央第一书记冯文彬来校做题为《为团结教育整个青年一代而奋斗》的报告。

**6 月 14 日** 临时文工团正式定名为华北大学文工三团。

**6 月 16 日** 全校 600 余名新团员举行入团宣誓仪式。

**6 月 19 日** 为筹组华北大学职工会，学校召开筹备会议。

**6 月 20 日** 校党委发出《关于加强建团工作领导的指示》，要求全校各级党组织把新民主主义青年团的建设和发展工作列入重要议事日程。由于党组织重视团的建设工作，学校在入城以后至 1949 年末，约有超过 50% 的适龄青年加入团的组织。二部还建立了"团友"制度，即由团支部吸收超龄先进学员为团友，并参加团组织的各种活动，但无选举权。

**6 月 26 日—8 月 14 日** 中共中央书记处书记刘少奇受毛泽东主席的委托率中共中央代表团秘密访问苏联。其间就建立新中国各项事宜进行商谈，其中成立一所新中国的大学是一项重要的议题。7 月 6 日，刘少奇在给联共（布）中央、斯大林的信中谈到，想请苏联政府为新中国的建设管理办一专门学校，好像过去的中国劳动大学①一样。信中提出设想：开始收学生一千人以下，内分各系，如工业、商业、银行、法律、教育等系，并分速成班学期一年，普通班学期两年，及正式班学期三至四年。这样可以很快地培养人才。7月10日和11日，中共中央代表团应邀列席苏共中央政治局会议，就中共中央代表团提出的问题进行商谈。7月18日，刘少奇和高岗、王稼祥向中共中央、毛泽东报告参加11日苏共中央政治局会议及与斯大林谈话的情况。7月25日，毛泽东在复电中表示：同意在莫斯科建立一个中国大学。我们正需要学习苏联在各项工作中和资产阶级不同的一套学说和制度，设立这样一个大学是很必要的。但经费应讲明由中国担负为适宜。在商谈过程中，苏方提出将校址设在阿尔马达。经反复磋商，决定"中国大学不设在阿尔马达而设在北平，由苏联派教授"。8月6日，刘少奇、王稼祥致电毛泽东请求指示。8月7日，毛泽东复电，表示同意。这个设在北平的中国大学，就是后来的中国人民大学。

**6月** 华北局调聂真到校任教务长，调马诚斋任学校党委副书记。

## 7月

**7月1日** 华北大学部分党、团员共600人参加在北平市先农坛体育场举行的庆祝中国共产党诞生二十八周年大会。毛泽东等中央领导人参加大会。

**7月2日** 全校教工召开大会，通过《校职工会组织章程要点》。中华全国总工会筹委会负责人李立三到会讲话，建议华北大学建立工会组织，得到学校的响应。

**7月14日** 全校有1 000名新团员参加校团委举行的入团宣誓仪式。

**7月27日** 学校召开教育工作会议。

一部第5~8区队召开恳亲会。

---

① 中国劳动大学，即1925年10月在莫斯科创办的莫斯科中山大学，也称中国劳动者中山大学或孙中山中国劳动者大学。该校的任务是培训中国革命青年。1930年停办。

**7月31日** 华北大学为即将走上战场的一部第5～9区队约5 000名学员举行毕业典礼，朱德总司令亲临祝贺并讲话。

一部第11和第12区队新生近2 000人在平津入学后去正定分校学习。

## 8月

**8月初** 三部抽调的近30名干部、教师赴匈牙利首都布达佩斯参加世界青年与学生联欢节中国代表团的文艺演出工作，至9月底回国。

**8月2日** 校工会筹委会、校团委、校学生会联合举行欢送一部毕业生大会。

**8月5日** 学校一部1 000余名毕业生启程南下。

**8—9日** 学校召开校工会代表大会。大会通过华北大学工会章程，鲍建章、何戊双当选校工会正、副主席。

**8月11日** 校指导委员会会议通过二部三个分部师资培训班和教育班的结束计划。

二部外语系离校，同北平的外事学校合并为北平外国语学校，即后来的北京外国语大学。

**8月16日** 一部副主任陈唯实带领十余名干部、教师奉调南下创办南方大学。

**8月24日** 校务会议决定：9月9日为华北大学校庆纪念日。

**8月下旬** 一部第10区队从天津分校迁往正定分校学习。天津分校以及平津地区一部结束工作。

三部以江丰为首的十余名美术系教师奉调去杭州接管杭州艺专，即后来的浙江美术学院。

## 9月

**9月7日** 三部艺术干部训练班美术科160余名学员举行毕业典礼。

**9月8日** 学校召开校务会议,研究二部各系新生的教学计划。

**9月9日** 全校师生员工开大会隆重庆祝建校十二周年,并举办校庆展览会。

**9月11日** 二部三个分部的教育班和师资培训班共2 200余人举行毕业典礼。学校从这批毕业生中选留800余人到二部各系以及俄文大队学习。

**9月15日** 学校召开校务会议,成仿吾副校长传达中央指示,确定华北大学要为组建新型正规大学做准备。学校决定成立俄文大队。

**9月19日** 松江省主席冯仲云来校做关于东北工作情况的报告。

**9月21日** 校务会议开会检查学校庆祝开国大典各项活动的准备情况。

**9月21—28日** 中国人民政治协商会议第一届全体会议在北平举行。华北大学有正式代表8人,候补代表1人参加会议,他们是:中国共产党代表团代表、校长吴玉章;华北解放区代表团代表、三部主任沙可夫;全国教育工作者代表团首席代表、副校长成仿吾;全国社会科学工作者代表团代表,副校长范文澜、四部副主任艾思奇、四部研究员何思敬;全国自然科学工作者代表团代表,工学院院长恽子强、农学院院长乐天宇;全国文学艺术界联合会代表团候补代表、三部副主任艾青。此外还有3名离校不久、曾经在华北大学工作或学习过的代表,他们是:教育界代表、原华北大学教务长钱俊瑞,无党派民主人士代表、原华北大学二部主任于力,全国学生联合会代表、原华北大学学员晏福民。成仿吾为大会主席团成员。吴玉章在会上当选为中央人民政府委员。

**9月24日** 《人民日报》刊登了华北大学副校长成仿吾在中国人民政治协商会议第一届全体会议上关于文化教育等方面的发言。

**9月28日** 三部艺术干部训练班戏剧科和音乐科670余名学员毕业。

俄文大队举行开班典礼。该大队由一部和二部留校学员以及学校部分干部、一部部分研究生等共500余人组成，任务是专攻俄文。何楠若任大队长。

开国大典前后，三部师生在平、津公演自己编导的大型歌舞剧《人民胜利万岁》，并在中国人民政治协商会议第一次全体会议召开期间在中南海怀仁堂汇报演出，受到毛泽东、周恩来、朱德以及其他党和国家领导人的亲切接见和鼓励。

## 10月

**10月1日** 中央人民政府第一次会议在北京举行，吴玉章校长以中央人民政府委员的身份出席会议。

下午3时，中华人民共和国中央人民政府成立典礼在天安门广场举行。在大典上，中央人民政府主席毛泽东亲自升起第一面五星红旗，宣告中华人民共和国成立。吴玉章校长与其他党和国家领导人一起登上天安门城楼，出席此次大典。

全校师生员工参加天安门前举行的中华人民共和国开国大典和当晚的提灯游行。游行时，华北大学是唯一被允许通过金水桥主桥经过天安门的学校。华北大学师生高呼"毛主席万岁"，毛泽东也以"华北大学的同志们万岁"作答。

**10月2日** 《人民日报》在《中国人民政协代表访问记》专栏发表《访教育界代表成仿吾》一文。成仿吾表示，教育工作者要加紧工作，努力学习，做好准备迎接即将到来的文化建设高潮，肩负起这一伟大而艰巨的任务。

**10月6日** 全校召开大会，热烈庆祝中国人民政治协商会议成功召开和中央人民政府的成立。

**10月10日** 业余学校举行开学典礼。

**10月19日** 学校成立俄文专修班，该班的宗旨为培养俄文翻译人才，为创办中国人民大学做准备。同时，为了方便学工人员学习俄文，学校成立了俄文夜校。

遵照中共中央的安排，三部脱离华北大学，人员陆续调到文化系统或文艺院校。部主任沙可夫、副主任艾青到全国文联工作；副主任光未然（张光年）带领部分干部教师和戏剧专业、文工一团、文工二团参加中央戏剧学院的创建工作；美术专业与北平艺术专科学校合并为中央美术学院；音乐专业与东北鲁迅艺术学院音乐系合并为中央音乐学院；文学专业归入中国作家协会系统；还有部分干部到中央电影局系统工作。仅文工三团部分人员留在华北大学，后经补充组成中国人民大学文工团。

## 11月

**11月6日** 全校召开大会庆祝十月革命节。

**11月11日** 政治研究所2班和3班举行开课典礼。

**11月12日** 学校为三部300余名教师干部离校举行欢送会。

刘少奇写信给毛泽东主席和中共中央政治局，报告创建中国人民大学的筹备经过。信中说："以原华北大学、革命大学及王明、谢老之政法大学三校合并为基础来成立人民大学。"建议政治局通过中国人民大学的建校计划。

**11月中旬** 一部第10、第11、第12区队的学员共约3 000人在正定分校毕业，面向全国分配工作。

**11月16日** 学校召开校务会议，决定全校各单位于本月底开始总结工作，为结束华北大学做准备。

**11月28日** 俄文专修班在北京、上海、哈尔滨和武汉同时进行招生考试。

## 12月

**12月上旬** 华北大学正定分校停办，人员回到北京，大部分干部编入俄文大队学习。

**12月8日** 学校召开学校中苏友好协会代表大会，正式成立中苏友好协会华北大学分会。

**12月9日** 苏联著名作家西蒙诺夫来校参观。

**12月11日** 刘少奇写信给毛泽东，报告为成立中国人民大学聘用50名苏联教授和教员的决定。

**12月中旬** 俄文专修班500余名新生入学。

**12月21日** 华北大学召开大会隆重庆祝斯大林七十寿辰。

华北大学结束时，将四部的中国历史、中国语文、哲学、外语等四个研究室以及俄文专修班转入中国人民大学。

政治研究所1班学员约60人毕业分配工作。

**至12月底** 华北大学基本停办，全校850名干部、教师和近1 000名勤工人员转入中国人民大学的创建工作。

华北大学的遗留工作于1950年春陆续结束。二部国文系、教育系、历史地理系、社会科学系最后一批学员共约500人于1950年1—2月间毕业分配工作；俄文大队也于此时结束使命，该大队500余名学员部分留校工作，部分转入俄文专修班（已改称中国人民大学俄文专修班）或中国人民大学本科各系学习；政治研究所于1950年3月划归华北人民革命大学，该所2~5班学员约300人全部去华北人民革命大学继续学习；四部机关及所属历史研究室共30余人转去中国科学院，形成该院的中国近代史研究所。

华北大学在将近一年半的办学期间，为中国人民的解放事业和新中国的建设事业培养各类干部2万余名，并为一批新型高等院校和文化事业单位的成立奠定了基础。

# 参考文献

[1] 蔡梦.李焕之的音乐生涯及其历史贡献.北京：人民音乐出版社，2008.
[2] 陈红彦.《赵城金藏》的传奇（善本掌故）.人民日报海外版，2012-12-07.
[3] 成仿吾.战火中的大学——从陕北公学到人民大学的回顾.北京：人民出版社，2014.
[4] 程文，陈岳军.吴玉章往来书信集，重庆：重庆大学出版社，1993.
[5] 丁帆.人民的"喜儿"——《白毛女》从延安到北平纪闻.党史纵横，1995（4）.
[6] 丁浩川.留取丹心——丁浩川纪念集.上海：教育出版社，1988.
[7] 董锡玖.人民胜利万岁响彻中南海——开国大典演出回忆.舞蹈，1999（5）.
[8] 范阳.劲草——华北大学广西校友回忆录.南宁：广西人民出版社，1996.
[9] 范元绥.悼念先父范文澜同志//文史资料选集.北京：中国文史出版社，1987.
[10] 高红超.华北大学校友忆激情燃烧岁月：广场上课亲历开国大典.（2014-09-26）[2017-06-14].http://www.chinanews.com/cul/2014/09-26/6635640.shtml.
[11] 高慧琳.群星闪耀延河边：延安文艺座谈会参加者.北京：人民文学出版社，2012.
[12] 高继芳.记范文澜校长二三事//文史资料选集.北京：中国文史出版社，1987.
[13] 郭影秋.吴老与中国人民大学.人民日报，1984-01-23.
[14] 何启治.天安门城楼是我第一个打开的…….光明日报，2013-10-18.
[15] 贺键.我眷恋的《红旗歌》.新文化史料，1999（10）.
[16] 扈石样，扈新红.《赵城金藏》史迹考.世界宗教研究，2000（3）.
[17] 霍大寿.怀念《红旗歌》.戏剧春秋，2002（6）.
[18] 李焕之.我与"黄河"的不解之缘（上）——缅怀恩师冼星海暨《黄河大合唱》辉煌的六十年.人民音乐，1999（3）.
[19] 李焕之.论作曲的艺术.上海：上海文艺出版社，1985.
[20] 刘葆观.血与火的洗礼——从陕北公学到华北大学回忆录（1937—1949）.北

京：中国人民大学出版社，2007.

[21] 刘国能. 毛泽东称他"九嶷山人"——乐天宇仙逝30周年祭. 档案时空，2014（7）.

[22] 刘汉承，张志娟. 国宝《赵城金藏》在涉县. 邯郸日报，2009-07-25.

[23] 刘涓迅. 革命史家胡华. 北京：当代中国出版社，2011.

[24] 欧阳雪梅. 刘少奇与中国人民大学的创建. 当代中国史研究，2011（3）.

[25] 任文. 窑洞轶事. 西安：陕西师范大学出版社，2014.

[26] 荣孟源. 回忆范文澜同志 // 文史资料选集. 北京：中国文史出版社，1987.

[27] 沙里. 新政协召开前后琐忆. 春秋，2013（1）.

[28] 孙闻. 开国大典：来自天安门城楼的记忆.（2009-09-13）[2017-06-14]http://news.xinhuanet.com/politics/2009-09/13/content_12044342_6.htm.

[29] 王安国. 世纪的回眸：王安国音乐文集. 上海：上海音乐学院出版社.2005.

[30] 王晋. 华实录. 北京：中国人民大学出版社，2003.

[31] 吴玉章. 吴玉章回忆录，北京：中国青年出版社，1980.

[32] 杨尚昆. 一辈子做好事，一贯的有益于人民. 人民日报，1984-04-04.

[33] 张鼎丞. 怀念吴老学习吴老. 人民日报，1978-12-30.

[34] 郑荣来. 著名诗人牛汉：用诗歌呼唤过民主 写诗就是唱歌.（2005-05-13）[2017-06-14] http://www.chinanews.com/news/2005/2005-05-13/26/573598.shtml.

[35] 中共四川省委党史工作委员会《吴玉章传》编写组. 吴玉章文集. 重庆：重庆出版社，1987.

[36] 中国人民大学校史研究丛书编委会. 血与火的洗礼（上下卷）. 北京：中国人民大学出版社，2007.

[37] 中国人民大学校史研究丛书编委会. 在神州大地上崛起（上下卷）. 北京：中国人民大学出版社，2007.

[38] 中国人民大学校史研究丛书编委会. 造就革命的先锋队. 北京：中国人民大学出版社，2007.

[39] 中国人民大学校史研究丛书编委会. 中国人民大学纪事. 北京：中国人民大学出版社，2007.

[40] 周和平.《赵城金藏》：五千长卷诉传奇. 光明日报，2011-08-17.

图书在版编目（CIP）数据

迎接新时代的曙光：华北大学：1948—1950 /中国人民大学前身时期校史读物编委会编. — 北京：中国人民大学出版社，2017.9
ISBN 978-7-300-24933-9

Ⅰ.①迎… Ⅱ.①中… Ⅲ.①华北大学-校史-1948—1950 Ⅳ.①G649.281

中国版本图书馆CIP数据核字（2017）第211269号

中国人民大学前身时期校史读物
迎接新时代的曙光
**华北大学（1948—1950）**
中国人民大学前身时期校史读物编委会　编
Huabei Daxue (1948—1950)

| | | | | |
|---|---|---|---|---|
| 出版发行 | 中国人民大学出版社 | | | |
| 社　　址 | 北京中关村大街31号 | | 邮政编码 | 100080 |
| 电　　话 | 010-62511242（总编室） | | 010-62511770（质管部） | |
| | 010-82501766（邮购部） | | 010-62514148（门市部） | |
| | 010-62515195（发行公司） | | 010-62515275（盗版举报） | |
| 网　　址 | http://www.crup.com.cn | | | |
| 经　　销 | 新华书店 | | | |
| 印　　刷 | 固安县铭成印刷有限公司 | | | |
| 开　　本 | 720 mm×1000 mm　1/16 | | 版　次 | 2017年9月第1版 |
| 印　　张 | 9.75 插页3 | | 印　次 | 2024年4月第2次印刷 |
| 字　　数 | 126 000 | | 定　价 | 38.00元 |

版权所有　侵权必究　印装差错　负责调换